田村熾鴻・安祐子〔著〕
Taruhiro Tamura　Ayuko Tamura

結魂四季——封印の解かれたダイヤモンド——

ダイヤモンドの道

Diamond Road

ダイヤモンドの道

目次

プロローグ

完璧なカットのダイヤモンド完成とダイヤモンド・エネルギーの解明

ダイヤモンドくらい、いい加減な商品はない――と思うようになったのは、ソニー製品の販売会社を経営している時に、部下のために何個かのダイヤモンドを買った後からであった。デパートに行けば、〝交換・返品ご容赦願います〟と書かれていた。おかしい。「売ったものには責任は持ちません。売りっぱなしです」と言っているのと同じだと思った。

銀座の店に行けば、〝五十パーセント引き〟などと書いてあって、印象はよくなかった。友人の紹介とやらで来た人は、「うちからなら安心です。ご紹介ですからお安くしておきます。鑑定書もちゃんとついていますし、いい石ですよ」と言い、他の知人からは、「今外人がホテルに滞在していて、直接特別に分けてくれます。税金はかかりませんし、日本の店から買うよりもずっと安いですよ」と言う。いくつか買って他の店の人に見せると、「うちならばもう少し安く、また同じ値段ならばもっと良いグレードのものが差し上げられますが……」と言う。

こうしてダイヤモンドにかかわる人に会う度に、ダイヤモンドにも、ダイヤモンドを扱う人にも信頼がおけなくなっていった。そして、ダイヤモンドくらい、いい加減な商品はない。ましてや、生活に必要なものでもない。虚飾の最たるものにしか思えなくなって、私の欲望の対象から消えていったばかりか、大嫌いなものの一つになっていった。そんな時、追い打ちを掛けるように、一人の男が、最も美しく輝くというダイヤモンドを紹介に来た。

「ごめん。ダイヤモンドはすべてが不明瞭でインチキ商品にしか思えないんだ。自分で納得できないものには近づきたくない。ダイヤモンドは大嫌いなんだよ……」

その彼が、「面白いものができたので見てください」と言ってやって来たのが、七年後の一九八四年三月のこと。カステラの箱のような器具は、〈ファイヤー・スコープ〉と名付けられたもので、ダイヤモンドの善し悪しが一目で分かるものであった。そして、どうしても私に売ってほしいと懇願してきたのである。

ファイヤー・スコープ

ダイヤモンドの輝きは、カット次第だという。その器具は、ダイヤモンドが嫌いになっていた素人の私にも、ダイヤモンドのカットと輝きが手に取るように、一目で分かった。

そして本当に意外だったが、世の中のダイヤモンドがいかにいい加減なカットであるかがよく分かった。納得せざるを得なかった。

しかし物を売ることには飽きていた。長いことソニー製品のセール会社を経営しており、売りつづけることに飽きていた。もう物は売りたくない。

断っても断っても彼はやってきた。あまりの熱心さとダイヤモンドのあまりのいい加減さに、少しずつ心が動いた。数カ月がたっていた。

――あんなに熱心な彼のためにも、ダイヤモンドのためにも、さらにはいい加減なダイヤモンドを素晴らしいと言われて買わされている消費者のためにも、やってやるか……。

六月から始めた器具の販売は、しかし散々だった。ダイヤモンドの善し悪しを、誰にも分かるように見せながら高価なダイヤモンドを販売できる最適なツール〈ファイヤー・スコープ〉。意外なことにまったく売れなかったのである。どこのお店の人も、初めは驚きをもって我々の説明を聞き、大きな興味を示した。

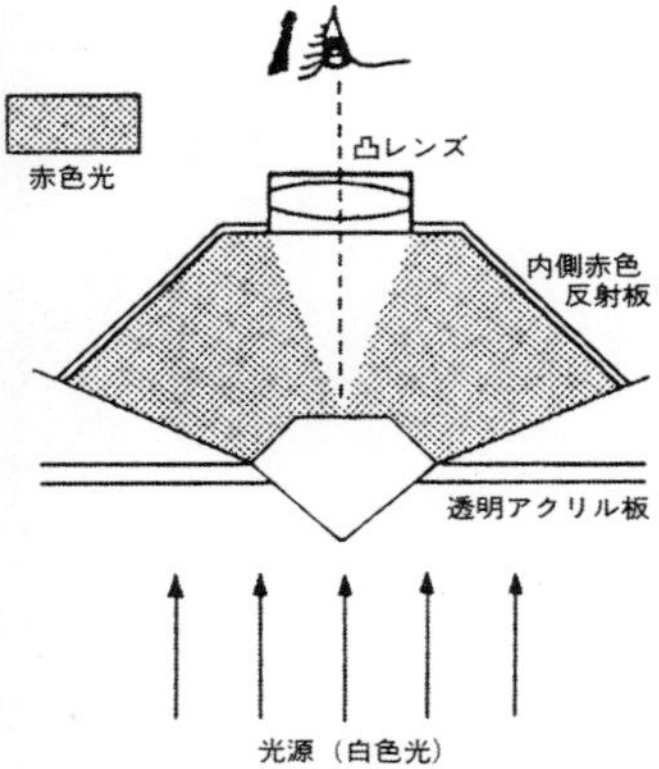

ファイヤー・スコープの原理

しかし、そこから後の反応は、また判で押したように同じだった。

「店のダイヤモンドを見てもいいですか?」との質問に、「どうぞ」と答える。店で大事にしているダイヤモンドを器具で覗く。雰囲気が変わる。最高のダイヤモンドと自負するものを、どこの店も持っている。それを器具で覗く。盛り上がっていたその場の雰囲気は、一瞬にして冷める。二度と興味は示さない。

〈ファイヤー・スコープ〉で見た、店にあるダイヤモンドが、それまでの我々の説明で、〝良くないもの〟と説明していたカットのいい加減なものばかりであった。自分たちで良いと思うダイヤモンドがすべて悪い。器具が売れるわけはなかった。


一九八四年八月――

数カ月で器具販売からの撤退を余儀なくされ、新たな方向でアメリカへと旅立った。

アメリカには、最も美しくカットされているといわれるダイヤモンドを販売する会社が二社あった。一九一九年に、数学者でありカッターでもあったトルコフスキーが、光学的な見地から、ダイヤモンドの持つ光の屈折率に合わせて、最も理想的な姿のカットを理論的に発表していた。そのとおりに磨いている会社への訪問と、美しいであろうダイヤモンドを買いつけて、ファイヤー・スコープと一緒に販売しようという次なる目的のための旅立ちだった。

もし、そんなダイヤモンドが手に入るならば、本当の輝きを発しないカットばかりの市場に、十分に驚きをもって受け入れられるであろうと予想がついた。

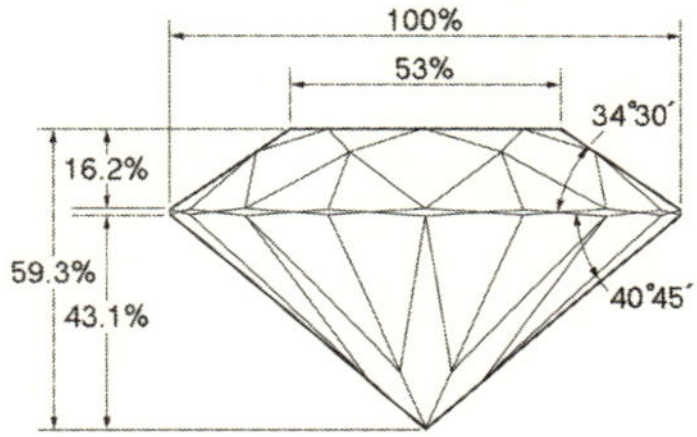

トルコフスキー理論によるアイデアル・カット

六カ月のあいだに六回、著名なダイヤモンド卸商の大金庫室に招き入れられて、ただひたすらに見た。ファイヤー・スコープを覗きつづけるため、左右の眼の焦点がずれて生活に不便をきたすほどに見た。

しかし、ない。何万個を見ても、我々が〝良し〟とするものがなかったのである。最も美しいダイヤモンドを販売している会社にも完璧なものはない。ということは、世の中には美しく輝くダイヤモンドがないのだ。

絶望のなかで新たな決心をしたのが、翌年一九八五年四月七日のロス空港へ向かう車中であった。突然に現れたアイデアル・カッターを訪ねること数回。結局彼も、私の頭の中にあるダイヤモンドの姿には磨けなかった。磨けるわけはない。私は光を見ていた。彼らは、ダイヤモンドの表面だけを見て、曖昧《あいまい》な工具の角度だけを頼りに磨くだけであった。それが業界の常識だったのである。

隣で運転するカッターをよそに、真っ青に広がる空を黙って睨《にら》んでいた。ダイヤモンド業界から撤退するか、それとも世の中にないものをやり遂げるか……。

少しずつ分かってきた、美しくカットされるであろうダイヤモンドの姿が、脳裏にあった。

「やるしかない。ダイヤモンドのためにも、何としても真実を突き止めておいてやりたい。それができるのは、今世界中に自分一人しかいない。自分で磨くんだ」

もともとダイヤモンドへの興味などなかった私が、たった十カ月で現状のダイヤモンド業界を卒業し、その先を目指そうとしていた。ダイヤモンドの世界に残っていた課題は、完璧にカットされた、最も美しく輝くダイヤモンドだけ。理論上は、平面的な横の姿として光の屈折にしたがった理想のカット・デザインは残っていたが、三次元の立体の姿として、ダイヤモンドそのものの上には、ダイヤモンドが磨けるようになって五百年かかっても、何人《なんぴと》も成し得ていなかったのである。無かった理由の最も大きなものは、経済性優先のカットであった。原石から、できるだけ重いダイヤモンドに磨く。カラットが増えることによって、価格は何十パーセントも高くなった。そして、二社は理論どおりに磨こうとしても磨けなかった。ダイヤモンドは、難攻不落の物質だったのである。

一九八五年七月——

知人の紹介で、私と同い年のカッター、樋口清氏がやってきて、東京の真ん中、四谷の小さなビルの地下でダイヤモンド磨きをスタートさせたのが、七月八日のこと。ちょうどダイヤモンド業界に入って一年後のことであった。たくさんのダイヤモンドを粉にした。この世で最も硬い物質を、光の進行どおり一筋の光さえ漏れない姿に磨いていく。だから、光の進行をたえずチェックしながら磨く、世界で初めての工場であった。

光は、それは忠実に磨かれた反射面の角度にしたがって反射した。光の進行を見ずに磨いても絶対に完成しない。それくらいに微妙な工程の連続となった。しかもただ硬いだけではなく、面のある所には結晶の跡が中心まで透っていて、その結晶に対しては、正対した角度で磨くことは絶対にできない。微妙な角度を調整しなければ、ダイヤモンドは磨かせてくれない。調整しすぎれば、光はダイヤモンドを通過してしまう。世の中で初めてやるのだからノウハウはない。ただただ、自分が信じることをやりつづけた。

次第に脳裏の中で、はっきりとしてくる完璧な姿。磨いては覗き、課題を見つけては磨く。ただただ、光の完全反射に向かいつづけた。そして四カ月後、完成したダイヤモンドには、きれいな幾何学模様が浮き上がっていた。一九八五年十月のこと。

そこには〈八本矢印の一つの星〉があった。その姿のままに、〈エイトスター・ダイヤモンド〉と名付けられたダイヤモンドは、数あるダイヤモンドの中で、それはまさしく頂点に立つカットの完成であった。

エイトスター

同十二月、突貫工事でショールームをオープン。世界の頂点に立ったダイヤモンドの完璧な輝きを、開店祝いにやって来られたお客様に力説していた。

しかし、またしても試練は起こった。完全反射する美しいダイヤモンドなのに売れない。二カラット、三カラットを買いたいといらっしゃったお客様が、同じことを言って帰っていく。

「本当にきれいなダイヤモンドですね。どうもありがとうございました」と……。

そして、決定的なことが起こった。

テレビ局の目に留まったエイトスター・ダイヤモンドは、全国放送で十四分近くも放映された。多くの反響があるものと思ったが、何の反応もなかった。放映される画面を見ていて気がついたことがあった。

――そうか。ダイヤモンドは一般の消費者にとっては、すでに美しく輝くものなのだ。現実のダイヤモンドがいかにひどいカットなのかなど、誰も知らない。美しく輝くイメージが実体そのものになっている。そんな心に、完璧なカットを完成させたからといって、その違いをどんなに表現しても特別なものには感じない。すでに輝くものなのだ。物語だ。物語こそ必要なのだ……。

アメリカのダイヤモンド業界の責任者、デ・ビアスのリンチ氏も言っていた。

「美しいだけでは歴史には残らない。物語を持ったものだけが、受け継がれていくんだ。新しい物語を書いてほしい。ロマンこそ、ダイヤモンド業界に必要なんだよ!!」

七つの不思議

あの話をしよう、と思った。ダイヤモンドを磨いている時、背筋に電気が走ったことがあった。

八方位図

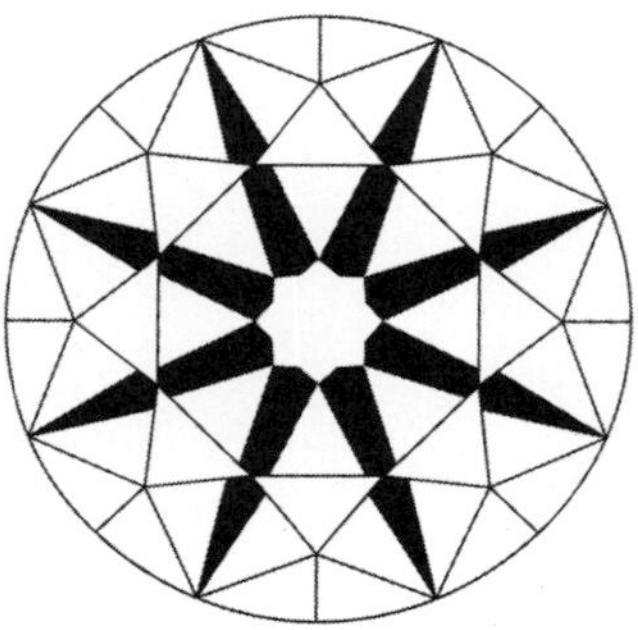

ロゴマーク

一、ただひたすらに光の完全反射するように磨いたダイヤモンドには、八本矢印の一つの星が現れ、美しい幾何学模様の真ん中に、こともあろうに四～五千年の歴史を持つと言い伝えられている『易』の八方位図が現れていたのである。

ダイヤモンドはただの物質ではない。誰もが簡単に造れるものでもない。地球創世の謎を秘めた特別な物質である。そして、誰もが磨けるものでもなかった。

その真ん中に、宇宙のすべてが語られているという八方位図が浮かび上がっていた。

――なぜなんだろう？　どうしてこんな偶然が現れたのだろう……。

ダイヤモンドになぜ、人の過去・現在・未来をも占える図が現れたのか考えつづけていた。

答えは出ない。ただの偶然である。考える人もいまい。私は、その十年前から、あまりにもたくさんのことを言い当てられて、易や気学を勉強していた。不思議な図が心に染みついていた。だから、こだわった。物が特別な物質ダイヤモンドであり、五百年にわたって誰にも磨けなかった

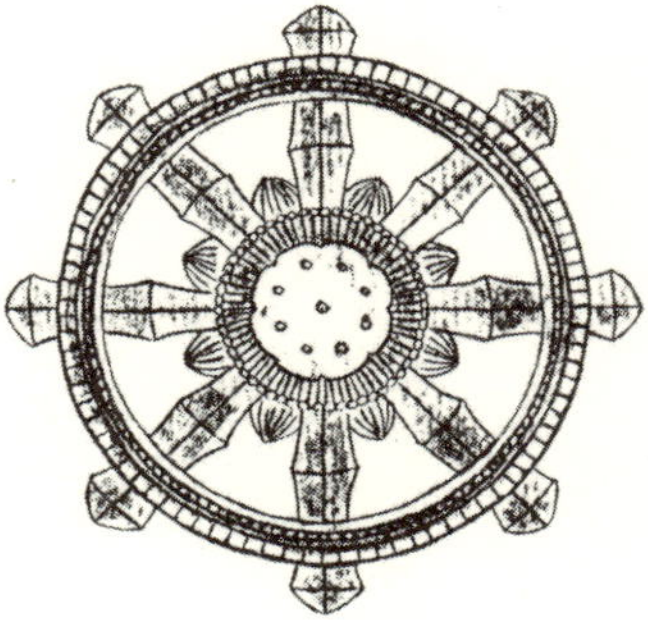
輪宝

ものだから、余計にこだわった。
ダイヤモンドに現れた幾何学模様と易の図の二つを一つに合わせたことが、その後の人生の大きな転換のキッカケとなった。答えを求める私の前に、次から次へと不思議な偶然が現れ始めた。それらは時空を超えていた。
二、まん丸の中の八本矢印は、仏教の師、仏陀のシンボル像と同じであった。太陽をシンボル化したものだという。二千五百年前からの情報であった。
三、太陽がヒントになった時、すぐに八方位に記されたアステカの石のカレンダーが届けられた。五百年前北アメリカ、ユカタン半島に栄えたアステカ文明。そのカレンダーに合致したのである。太陽の図が、ダイヤモンドに現れたということなのだろうか……。小さなダイヤモンドの中に現れた姿・形が、遠い歴史に残る意義あるものに、時空を超えて一つになってきていた。自然に集まってくる。
ここから一気に始まる現実界の不思議は、さらに衝撃的なものであった。

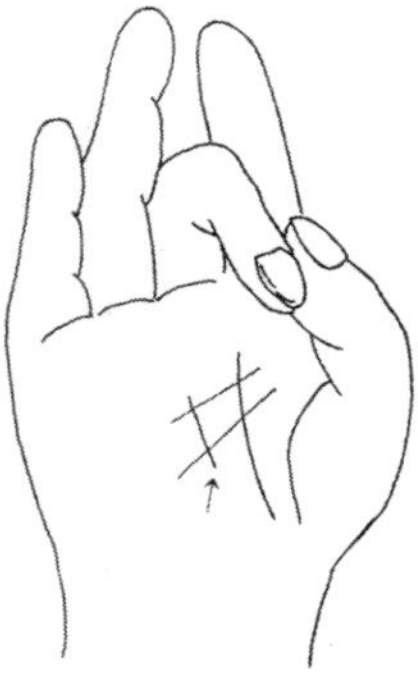

釈迦如来坐像の手相

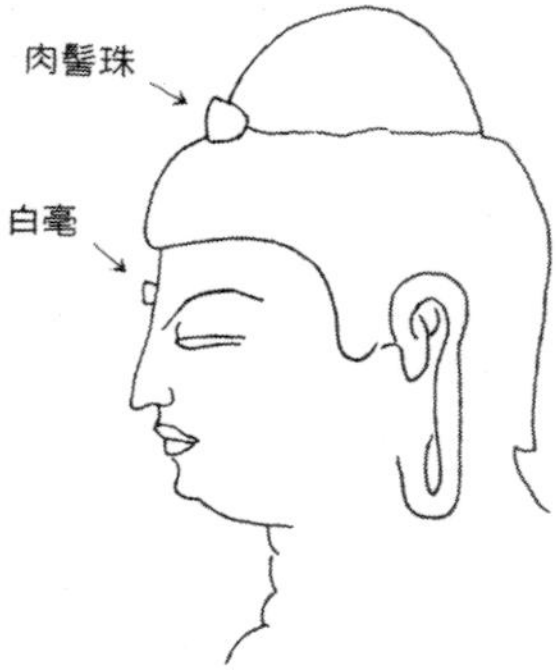

白毫と肉髻珠

四、天台宗の本山、比叡山戒壇院の御本尊、釈迦如来坐像の第三の眼と頭頂にエイトスター・カットを入れる縁が開けた。仏像彫刻家、西村公朝先生が訪ねていらした。織田信長に焼き討ちにあった日本仏教の源、仏陀の代わりを努める釈迦像の復刻に携わっていた。それにしても、仏教にも仏像にも関係ない私が、ダイヤモンドに導かれて関係を持つ。本当に不思議なことであった。

五、その仏像に奇跡が起こった。西村先生も入れたことがない手相が、一本突然に現れたと驚かれていた。それは〝太陽線〟といって、「何事も自らの手でなし遂げていく」といわれている手相だと教えてくださった。二つのエイトスター・カットが関係しているのだろうか……。

六、さらに、西村先生は、不思議な数字の符号を口に出された。
ダイヤモンドの持っている下側パビリオン二十五面と上側クラウン三十三面の数と、仏教の教えに出てくる二十五菩薩三十三観音の数が同じで、「不思議ですねぇ」とおっしゃった。

仏教では、大日如来の教えが大きすぎて一般の人には意味が分からない。だから、まず東西南北に四体の如来として化身して、教えをやさしくするのだが、それでも分からないので、西の阿弥陀如来がまず二十五の観世音菩薩に変身する。それでもすべての人には難しいからと、二十五の一体一体がそれぞれ三十三身の名もない人となって人に教え救うという。単に人を助けにやってくるのではないともいう。時には、感情を高ぶらせ、欲望をつのらせ、仇役としてもやってくるのだという。そして、人が本来何者であるかを気づき、仏まで昇華させるのだという。

ダイヤモンドの上側に入った光は、下側の二十五面で反射して上に戻り、三十三の面から飛び出る時に、美しい輝きとなる。一つの光が、二十五面で反射して三十三面から人の眼に映る。心のなごむ輝きである。極められた輝きの形、ブリリアント・カットの面付けが、仏教の教えの神髄と合致していた。どうしてなのだろうと、またまた考えた。

七、さらにつづいたのが、不思議な力を持った形との符号であった。

ダイヤモンドの結晶に、三角を二つ合わせたあのダビデの星、イスラエルの国旗にある形が現れた。どうして、国旗に使われているものと、ダイヤモンドの結晶が同じなのだろうか……と。もしその形に力があるならば、ダイヤモンドそのものにもあるのだろうか。

色々と重なるものだ。すべては、ダイヤモンドが呼んでいることであった。私を通してダイヤモンドが起こしているとしか思えなかった。もしダイヤモンドがなかったなら、何事も起こらなかっただろう。

いったいダイヤモンドは何を導くのか……。売れないからどうしようもなくて、あの話をしようと、たった一つ易の八方位図と結びつけたその瞬間から、結局七つの不思議が現れてきていた。どうしてなのだ。どうして自分では考えもしないことが集まってくるのだ。たった半年のあいだに起こったこうした不思議を、なぜ起こるのか真剣に考えつづけた。

ヒントは、二つあった。

易の方位図を語る時にいわれている、「これは、宇宙の真理を語っている図です」の〈宇宙の真理〉と、「仏教とは、宇宙の法則を説いたもの」という、〈宇宙の法則〉であった。言葉は知っていても、いざ真理や法則となると、まったく理解できない。それまでの人生で得た知識をあてはめても、答えは出なかった。

そんなさ中、数少ないお客様のお一人が、一冊の本を届けてくださった。

びっくりしました。知りませんでした。この現実の物質世界の他に、見えない世界があるという。それこそが、宇宙の真理や法則そのものだという。偶然は一つもなく、起こることすべてが必然であると、その本の著者は語っていた。見えない世界のことを魂――霊の世界と言い、人は何回も転生しているのだという。さらに、人が生きていく時に、見えない世界から、あらゆる手助け

シャーリー・マクレーン著
『アウト・オン・ア・リム』の表紙

がされているという。

シャーリー・マクレーンの『アウト・オン・ア・リム』（地湧社）。以後の人生に、このタイトルは、強い指針となった。

「新しい果実（真理）を得るには、枝の先まで行かなくては得られない」

自分の知識の範囲を超えて踏み出すことは、それは面白くて、エキサイテングなことであった。一九八六年十一月のこと。カットが完成してから、一年が経とうとしていた。

見えない世界を受け入れ、起こった偶然に介在させれば、七不思議の謎も解ける。私が想像もしなかったことが、起こりつづけるのも理解ができる。

しかも、人ばかりか鉱物にはもともと大きな力があって、人に影響を与えつづけるという。それなら余計に分かる。見えない世界が、世界中から必要なものを私に不思議なこととしてつきつけた。それならあり得る。

私は、すっかり夢中になった。霊的な世界の虜になった。そして、理解すればするほどに、この世での不思議な出来事は、この見えない世界への、これでもかこれでもかという誘いであることが分かった。私に起こった七不思議は、私を見えない世界に目覚めさせるための誘いであった。

不思議が起こったらそのままにするのではなく、なぜなのかと問いつづける。答えは、また不思議と見せられる。

以来私は見えない世界の真剣な旅人となった。ダイヤモンドが導いていると真剣に思いつづけた。ダイヤモンドと共に、見えない世界の探究者になった。

以後見えない世界はますます加速度を増して、不思議なことを私に起こしつづけた。

人との出会い

シャーリーで開いた霊的な世界から一カ月後のこと。何気なく見ていた朝のテレビ。歌手の橋幸夫さんが語っていた。

「王麗華先生という、素晴らしい人に導かれております……」と。

咄嗟に、この人に会いたい、と思った。橋氏の義兄とはゴルフ仲間。すぐに縁つなぎをしてくださって、霊的世界の人と初めての対面となった。

お目にかかってのお話し中、わけもなく涙がこぼれた。その人は美しく輝かれていた。以後の人生、私を言葉少なく、謎をかけつづけて導きつづけてくださった。次はこのことをと出された宿題を解くのに、初めは八カ月以上もかかった。ずっと私の心の師となり、またこの後に限りなくたくさん現れる霊能者を迷わずに見ていられた。心の灯台となりつづけた。

究められたダイヤモンドが霊的に開いて最初に出会った人とは、偶然がないとするならば、どんな関係のある人なのだろうか……。

会社の近くのスポーツジムで働く女性が導き役となって、二人目の霊能者に会ったのが一カ月後の一九八七年のこと。東京の町田市に住む〝からつみ〟と名乗る、不思議な眼をした女性であった。今までの自分の人生や相談した人の性格の描写があまりに的確で驚く。

「なぜ日本人がダイヤモンドの輝きを極められたのか、なぜ自分だったのか」という肝心の質問には、「十年前に、田村さんは上の世界で選ばれました。何事にも倒れそうにない耐えられる人。自分を抑えられて素直に物事を受け入れられる人。そういう人をダイヤモンドを極めさせるために、上の世界で長いあいだ探していました。しかし、世界中にいなくて、偶然日本人のあなたであった。何よりも心が純でどっしりしている人だから、あなたが選ばれました」と答えられた上に、こう付け加えた。

「このダイヤモンドは、血の悪い因縁を切る力があり、一方では宇宙エネルギーを取り入れて、持つものに幸せをもたらすダイヤモンドです。幸せを呼ぶダイヤモンドとして人に勧められるように……」と。

目覚めたとはいえ、霊的な世界が何なのか分からない私は、日曜日にゴルフに行くことも止めて、晴読雨読の日々を送っていた。とにかく、突然に現れた見えない世界のことが面白くて仕方がなかった。本を読みあさっていた。

ショールームには自然に、霊能者と称する人たちも来るようになっていた。そんな日々に追われながら、二年を経過した一九八八年の五月のこと。日本に帰ってきたロスに住む知人が、突然とんでもないことを言いだした。

「不思議な人に会ったのよ。ケヴィン・ライアーソンって知ってる? すごいよ。また会う約束したんだ……」と言う。

まさか、私を見えない世界に引き入れた本の中で、重要な役割を担っていたシャーリーの導き役、チャネラーのケヴィンの話が出るなどとは、想いもしなかった。いつも事は突然に始まる。

「それ、俺のために取った約束のように思うんだけど……。今特別なダイヤモンドをカットしているんだ。不思議なことが起こりつづけるダイヤモンドなんだけど、次に会った時にこのダイヤモンドのことを伝えてみてほしいんだよ……」と私。

すぐに約束が取れた。ロスに飛んで会ったケヴィンは、ジョンという精霊からのメッセージをたくさんもたらした。その中の簡単で重要な二つは、

「ダイヤモンドには、精神的なものを感じる。やがて、完全・完璧の象徴として理解されるようになるだろう。高潔、そして完成の象徴にもなりうる。お分かりかな?」そして、「このダイヤモンドは、平和の象徴となるだろう。持つものに、その周囲に完全なる調和をもたらすのだ」というものであった。

ダイヤモンドに新しい意味が、次から次へと加わり始めていた。

そんな一九八八年の十二月、今度は私の意識を見えない世界に開いたシャーリー・マクレーンその人から、突然の電話があった。

シャーリーの人生を影で導くケヴィンから、私やエイトスターのことを聞いたとのこと。ダイヤモンドが見たい。ダイヤモンドの不思議な話が聞きたい、と言う。

年が明けた一月三日、ロスのマリブ海岸の家に私を迎えたシャーリーは、それはそれはまっすぐに物事を見つめる、一見怖そうな人であったが、ダイヤモンドを見て変わった。矢継ぎ早にされる質問は厳しかった。ダイヤモンドを自ら完成していなかったら、たちまちにたじろいだであろう。しかし、シャーリーは次第にダイヤモンドに引き込まれ、心を開き、語り始めた。それはたくさんの言葉を発していた。その中で、その後の私の人生やダイヤモンドを持つ人に、頻繁に起こっている代表的なものだけ、書き残しておきたい。

「炭素物質の中のこの幾何学的なシンメトリックなカットを、私たちみんなにもたらすことによって光を与えるの。内面的な光を灯すことを助けてくれるのよ。つまり、人間の進化とか向上に働きかける力を持っているのよ。きっとこれこそが、中世の錬金術師たちが探して求めた賢者の石に違いないわ」

「均整とシンメトリーを得た時に神が生じ、そしてその後はすべてが起こるのよ。その進行はどんどん加速し、加速しすぎて均整を崩す人もいるけど、そこをあなたのダイヤモンドがヘルプしてくれるのよ」

「バイブレーションを感じる。一日中身につけることはとても大事なことよ。今までのダイヤモンドは本来の素晴らしさをフルに発揮していないの。ダイヤモンド本来の意図をね。完璧なカットだわ。そしてこのダイヤモンドは、単に身を守るなんていう低いレベルのものじゃない。それ以上に、人を浄化し、癒し、地球を救うこともできるの。このダイヤモンドが世界中にあふれたら、地球の波動が変わるのよ」

大スターと名もない日本人が、ダイヤモンドをはさんで一つになっていた。すべては、ダイヤモンドが運んだ縁であった。ダイヤモンドがなければ何も起こらない。すごいダイヤモンドだ。本当に何も彼もが変わっていく。

そして別れの時が来た。頬に頬を寄せた時、自然に二人は抱き合っていた。その時、突然に予期しないことが起こった。

外の音が一切なくなっていた。着るものも肉体もない。物質界のすべてのものが無になって、ただただ一つ、無の先に『想い』だけが残っていた。その想いの中で、私は叫んでいた。

「おかあさん、おかあさん……」

半年後ニューヨークでの再会の時、この話をした私にシャーリーが考えられない反応をした。

「私もそう思っていたのよ。あなたは私の子供だった」と……。

私を抱きしめ、泣きじゃくり、挙げ句に踊りだした。レストランのお客たちが、驚いて見てい

ニューヨークにて、シャーリーと。

た。私のテーブルのすべての人が涙ぐんでいた。

私の不思議世界を開いたシャーリーが、ダイヤモンドに引かれて会いたいと言ってきた。会ってみたら、前世の親子の確認だったなんて、何と人生は壮大で、劇的なのだろうか……。前世の母親は、子の目覚めさせ役。子は、ダイヤモンドを完成させて、魂の底から会いたいと願っていた前世の親を引きつけたのか。

想いの中で感じた世界は、時空を超えたイタリアのある島での前世でのことであった。だから、シャーリーは優しくなった。そして、私にとってはママレーンとなった。

一九八九年五月。シャーリーに会った四カ月後のこと。想いもしないことがさらにつづく。シャーリーに縁をつないだチャネラーのケヴィンから、「特別なビジョンが現れたから」と言って突然にファクスが届いた。

「タカ（私の通称名）は、〝ダライ・ラマ〟という人を知っていますか？　彼に会う必要がある。ダライ・ラマさんがエイトスターを、チベットを救うため、世界平和のために使うだろう」というものであった。

その四日後、ある小さなパーティーの席に遅れてきた小さい人がいた。ニューヨークから来たという和子・ヒラリーさん。映画『ガイア・シンフォニー』の龍村仁監督のお姉さんであった。イメージの中にあるチベット人にあまりに似ていたので、何気なく口をついて出た言葉があった。

「私、チベットにいたことがあるんですけど……」

「あら、私もよ。それじゃ、ダライ・ラマさん知ってる？」

「ええ、名前は知っていますが、あなたは知っているのですか？」

「知っているなんてものじゃないわよ。私、友達よ」

信じられない展開となって、ファクスの話をした。

「じゃ、彼に会わなければならないでしょう。七月にアメリカに来ますが、会いたいですか？」

チベット仏教の法王であり、菩薩の化身として、チベット人にとっては絶対の信仰の対象となっている生き仏。この世でたった一人、人が転生していることを語れる生き証人。

ニューヨークのホテル。物静かで温かく、大きな笑顔でまっすぐに近寄ってきた聖人、十四代目のダライ・ラマは、私の説明するダイヤモンドを見つめて、「ビューティフル」と言った後に付け加えた。

「このダイヤモンドを入れたい仏像が二つある。仏陀が我々を守っているように、我々も仏陀を守らなければならない。しかし残念ながら一つの仏像は守られていない」と。

現在、北インドのダラムサラのチベット村の、大集会場にある大きな釈迦像の第三の眼と、ダライ・ラマの寝室に置かれている、チベット伝来の木製六十センチばかりの仏陀の仏像の胸に、エイトスター・ダイヤモンドは収められている。一九九一年二月三日のことであった。

帰りには、南インドにおられると聞いていた神人サティア・サイババを突然に訪ねた。まだ日本には彼が紹介されていない時期だったが、外国人を含めて数千人いたであろう中から、いきなり個人的なインタビューに呼ばれた。

サイババは、私に尋ねた。

「悩みは何か？」

「悩みはありません。ダイヤモンドのことを伺いたいと思います」

「ダイヤモンドとは……」と言って、右のこめかみのあたりを右手人指し指でさしながら、

「それは誰の心にもあるもので、ダイ・マインド（Ｄｉｅ　Ｍｉｎｄ）、すなわち欲望を滅した時に自我、心は平安になるという意味だ。そして、ダイヤモンドのように純粋で美しい心、気持ちとなる。それが、神の心、ディア・マインド（Ｄｅａｒ　Ｍｉｎｄ）だ。したがって、私にとってダイヤモンドは物質的なものではない」と答えられた。

「物質としてのダイヤモンドではなく、心のダイヤモンドとして意味がある」と語っていた。自らの外側にでき上がった完璧なカット、エイトスターを、心に映す最初のきっかけがここから始まっていたと今は思える。

こうして出会いは世界規模になって、私に大いなる意識の変革をもたらした。合間合間には、

ダイヤモンドに導かれて、たくさんの人たちがショールームを訪ねて来るようになった。その一人一人から、人間の可能性と進むべき姿を教えられたように思える。

見えない世界の何者かが、不思議なことを起こして誘い、その世界があることを理解してついていく私に、会うべき人を導いて出会わせ、学ばせる。何でかは分からないが、そうとしか思えない。きっと何かがある。先があるのだろう……と思いつづけた。

予期しないことに興味を示し、探究していくことは、まさしくシャーリーが書いた本のタイトルそのものであった。

「新しい果実（真理）は、枝の先まで行かなければ得られない」

ぎりぎりのところまで、自らを奮い立たせて行ってみる。すべてを受け入れながら探究してみる。新しいことは、その先にしか現れない。

この時期、七つの不思議につづいて、人との出会いを強烈に演出したダイヤモンドであった。私の意識の底に、すべての人たちのおっしゃったことと感覚が層となってしっかりと息づいている。貴重な心の財産になるのであろう。

科学との出会い

インドから帰った後の八月の終わりに、またまた不思議な世界が開けてきた。人との出会いにつづいて、今度は予期しない科学との出会いであった。その時々に、誰かが導き役として現れる。今回は、健康雑誌『ラビエ』を出されている、サンロード社の萩原弘道社長であった。

そして訪ねたのは、〝MRA〟という機械を使って、人や物が持っている微妙なエネルギーを測るシステムを創造し、今や波動研究の第一人者となられている江本勝氏の所であった。

ダイヤモンドには何か力がある。だから、見えない世界が反応して私を導いているのだろう――とは思っても、その力が何であるのかまったく分からなかった私の目の前で、江本氏は次第に手に汗をにじませて、真剣になっていった。そして、最初に「このダイヤモンドは、人の免疫力を高め、心から起こるストレスと外からのストレスを中和するエネルギーがあります」と言った。そして、たくさんの実験の後、突然に「た・い・へ・ん・なことが起こっている」と、手の汗を拭きながらおっしゃった。

「すべてのマイナス波動を、ゼロにしてしまう物質になっています。電磁波の波動は、人間にとって強いマイナスの波動なのですが、それを消してしまうのです。初めての物質です。これは大発見かもしれませんよ。間違いなく、幸せをもたらすダイヤモンドですね」

この機械を通してダイヤモンドと人の関係を完成させたら、それは大変なことになる。

しかし、私の素質を見込んで江本氏が貸してくださった機械は、残念ながら私には操作できなかった。そこで、何回も江本氏を訪ねて、ダイヤモンドと人との関係を調べつづけた。病気の人を連れていくと、ダイヤモンドが病気のエネルギーを一瞬に消していく。ダイヤモンドにそんな力があったのかと驚くばかりであった。そんな探究を半年もつづけた時に、ダイヤモンドはまたまた突然に私の前に道を開いた。翌一九九二年四月のこと。

私の一作目の本『地球はダイヤモンド』を読まれたハワイ在住の田所教子さんが、ダイヤモンド購入のため突然来日された。新しい導き役であった。

波動の話をする。電磁波の話をする。すべてをすでに知っていて、「ハワイでもそういうような機械を使っている歯医者さんがいる」という。話の中で、大きなヒントになった言葉があった。「患者に一番適している薬を、その機械で選んで治療しているんだけれど、これが効くらしいのよ。例えば麻酔薬でも、人によって安全なものが違うらしいのよ……」

最適な薬を選べるならば、最適なダイヤモンドを選ぶことだって可能だろう。心は、またしても現れた新しい機械に飛んだ。

ハワイに帰ってから調べていただいたら、〝EAV〟といって、ドイツの医療器具だという。勉強させてほしいと願った。「五百ドルでならば教える」との返事。乗りました。

EAV（Electro Akupunktur nach Voll）。

フォール博士による電気鍼灸法。「気」を測る器具であった。「体の中には、見えない気の流れがある」とは中国の教え。日本では、マッサージや鍼灸などでおなじみのものである。しかし、ドイツ人医師フォール博士は、近代的な医師をしていながらも、自らの体の衰えに先を案じてか、中国にある「気」の思想を上海に学んだとのこと。ここからが、東洋人ではない才能が、日本に伝わるのとはまったく違う形で、花開いたことになる。

西洋人は、物事を形としてはっきりさせる民族であろう。博士は、何とかこの見えない、つかまえどころがない「気」を、誰にでも分かるようにしたいと願いつづけ、研究をつづけた結果、五十年前に完成した器具と方法が私に伝わったEAVという、小さな器具であった。

体には外からやってきたもの（エネルギー）に、抵抗する力がある。その抵抗する力を測定して、統計、実践を重ね、近代西洋医学で治せなかった病気の数々を奇蹟的に回復させてきているという。見えない気が東洋的な考えならば、その気を西洋の医師が、誰にでも分かるように数値化した。気の東洋と西洋の合体である。そして、西洋医学を超えた成果があるという。

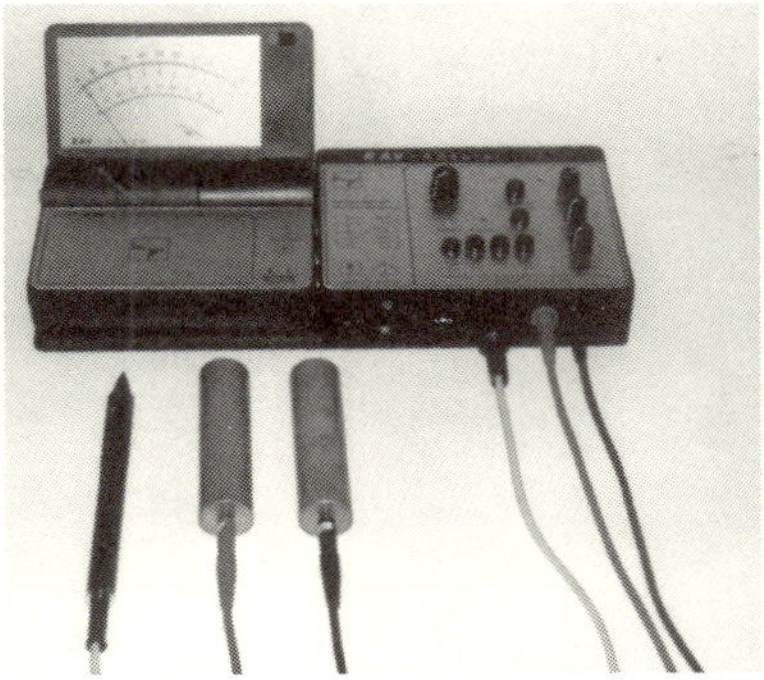

EAV

見えない気を測るのには、体の外から、一・二ボルトの微弱電流を一方の手から流す。もう一方の指にある気のツボから、戻ってくる電流を測定する。その結果、九万五千Ω《オーム》という電気抵抗値を持っている状態の気が、老若男女、人種に関係なく、最も健康で、自然治癒力が高まり、病気になりにくい健康状態なのだという。

それ以上の抵抗値は、〈気の病〉の状態で、現代人の

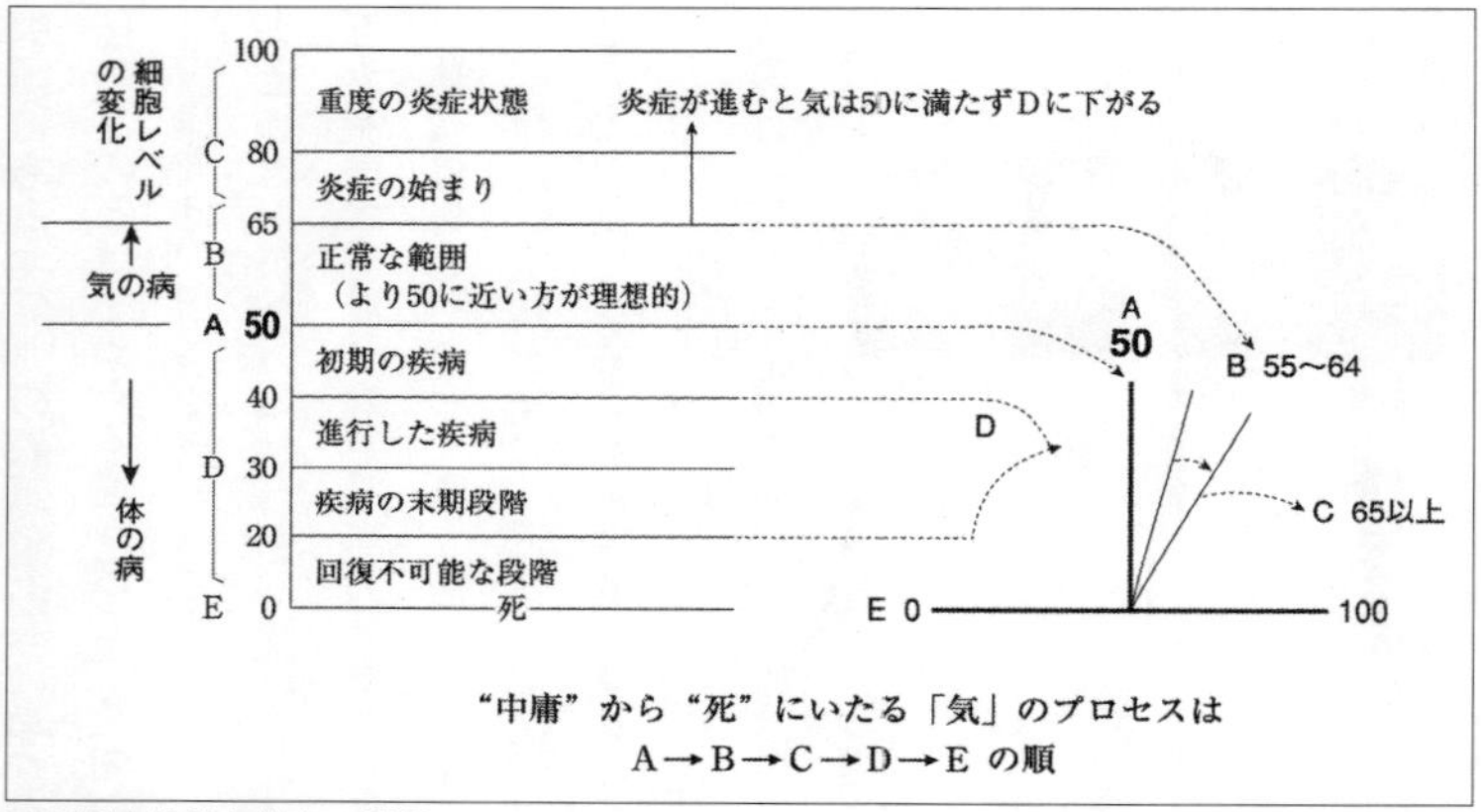

EAV測定数値と体との関係

九十パーセントの人たちが、まさしくいつでも細胞的な変化（炎症——胃炎など）を起こす状態である、という。病気予備群である。

それ以下の抵抗値は、すでに〈体の病〉の状態で、低ければ低いほどに重い状態だという。

九万五千Ω《オーム》という単位を分かりやすく、五十という数値に置き換えて測定するようにできていた。だから五十以上が〈気の病〉、五十以下が〈体の病〉となる。

そして〈気の病〉の状態の現代人の平均は、六十前後となる。六十五を超えると、細胞が変化し初めて炎症となる。胃に例えると胃炎である。胃炎は、リラックスした時を過ごすことでも、市販の薬でも治すことが可能な状態である。

しかし、それに気づかなかったり、無理をしつづけると、〈気の病〉は〈体の病〉に進んでいく。その時、ＥＡＶでは、五十以下になって表される。明解である。「病は気から」というそのものを、はっきりと測定してしまう器具であった。

そして、ここからが衝撃的な能力を持つ器具であったのである。

その〈気の病〉や〈体の病〉に対して、最も効果的な薬を選ぶことができるのである。五十の薬が見つかれば、薬の力で症状をねじ伏せるのではなく、内側から自然治癒力が働いて、完全に治してしまうのだという。強い力でねじ伏せたら、その原因は体の奥深くに残る。ホリスティック医学（体を一つ一つの部位として扱うのではなく、全体が関係している。心までが関係していることで治療を考える医学）の世界では常識である。

残念ながら近代西洋医学の薬の大部分が、病原を押さえつける強い力の薬である。だから症状は抑えられても、病原が体の奥底に閉じ込められるばかりか、弊害が他の臓器や部位に出る。しかし、ＥＡＶで選んだ薬はまったく弊害が出ない。

この薬選びの方法が、ダイヤモンド選びに使えると直観したのである。もし、こうして選ばれた薬と同じ効果がダイヤモンドにあるならば、これは大変貴重なダイヤモンドになる。

ドイツの機械をハワイで研修する機会を得て、とにかく研究に没頭した。指のツボからの情報は、とても繊細で、スタッフすべての情報が再現性を伴うのに四カ月を要した。そして思ったとおりのことが起こってきた。エイトスター・ダイヤモンドと人の気との関係が、明らかとなってきていた。

求める人の気を完全な気の状態、〈五十〉に調整してしまうダイヤモンドが、いや、エイトスターが必ず見つけられることが分かったのである。ダイヤモンドではなくエイトスターと限定したのは、他のダイヤモンドでは調整しつづけないことが同時に分かったからである。しかも、いかに素晴らしいカットだからといって、どれでも良いというわけではない。

人と物言わぬ鉱物の王者ダイヤモンドとの不思議な関係が明かされ始めていた。

特別にカットされ、エネルギー調整されたダイヤモンドと人には、相性があったのである。光を完全に反射されるカットだけでも誰もできなかったことなのに、カットが完成して六年後には、ダイヤモンドのエネルギーが解明され、さらに人との相性までもが測れるところまで来た時に、私は二作目の本を出版した。

ダイヤモンドを完成させ、シャーリーと出会ったところまでは、『地球はダイヤモンド』――聖なる輝きを求めて――（一九八九年十二月八日発行　地湧社）に、インドへの旅から、機械との出会いは、二冊目の、『マインド・キャラット天孫』――ダイヤモンド・完成とその使命――（一九九二年十二月九日発行　たま出版）に詳しく書かれている。

本書は、その後の九年間に起こったことである。私自身も、ダイヤモンドも、人とダイヤモンドとの関係も、そしてＥＡＶの研究も、ずっとずっと先まで進むことになるのだが、二冊目の原稿を書きおえて、さてどこか良い出版社はないかな、と思っていた時、「『地球はダイヤモンド』のつづきは、何処かで出されましたか？」と、突然かかって来た電話から、この物語は始まっている。

『地球はダイヤモンド』が出版された一年後、新しいダイヤモンドのカットやその展開に共鳴して、ショールームに就職を希望してきた女性がいた。あまりの元気のなさと、死んだ眼をしていたのを見て、

「君は何という眼をしているんだ。君の魂は、しぼみすぎているじゃないか！」と、怒ったように元気づけて帰し、就職をお断りした青山玲子君が、〝たま出版〟に就職していた。彼女は生前の瓜谷社長の許可を受けて、最初のプロデュースをする本を探していたらしい。三日後にやって来た彼女に、でき上がっていた原稿を渡したら、夕方には韮沢編集長から「出しましょう」という返事があった。二冊目の本は、彼女が導き役となって、とんとん拍子に決まったことになる。

ダイヤモンドを完成してからは、二冊の本にも書いたように、自分が思ってもいないことが、次から次に外から突然に起こる。導かれているとしか思えないように起こる。だから、何かは分からないが、見えないものに導かれていると真剣に思いながら日々を送っていた。アメリカに渡った時も、こんなふうだった。

最終項を確認して、アメリカのカリフォルニア州オーハイに留学していた息子のサッカー観戦と保護者会のために、ロスに旅発ったのは、一九九二年十月十五日のこと。

サッカー場に向け飛行場からハイウェーを走らせること四十分あまり。途中二度にわたって似たような地名にまどわされて、下り口を間違えたために時間がかかった。それでも分からずに、

途中で下りてモテルで訪ねる場所を教えてもらうのにたっぷり時間がかかってしまった。そこでさらに二十分も先だということが分かって、平均百キロのスピードで走り始めた十分後のこと。目の前に右側合流車線から入ってきた一台のバスがあった。「まさか」と思って横に並んでみれば、バスの横腹には大きく〝オーハイ〟と書かれてあった。生徒を乗せて試合場に向かうスクール・バスであった。一秒の狂いもなく、ドンピシャのタイミングで合流して来た。迷いもなく後をついていくだけで良かった。

天は、アメリカにまで来て導いてくださる。両手を合わせて感謝した。

1

そして、起こった

オーハイは、ロスから北に一時間半ばかり車で走った地にあり、以前はネイティブ・アメリカンの居住地であり、聖域でもあったらしい。時々に、街中をピンクに染める不思議な光の地でもあった。インディアン・ジュエリーを、編集を手伝ってくださった、青山君ともう一人の女性に購入し帰国。お二人にプレゼントする。

お返しにと青山君、ミュージカル『ミス・サイゴン』に誘ってくれる。わが子を前に死んでいくベトナム人女性の悲劇を見ながら寝ていた君。不思議な人である。お返しのお返しに、食事でもしようと約束した。

一九九二年十一月十五日のこと。食事が済んで、ホテル・ニューオータニの最上階のスカイラウンジでお茶を飲んでいた。不思議世界の話題に熱中していた。二十二歳の歳の差を超えて、自然に溶け込んでいた。突然に周辺の空気が変わって、不思議な雰囲気に包まれた。見えないけれども、何かのカプセルに入ったように思えた。また起こった。いつもそうだ。突然に私には理解できないことが起こる。

一つになる気持ちなどなかった。そこまで育っていなかった意識。しかし会話をしなくても、ずっと一緒にいることを了承し合っていた。

「部屋を取ってくる」と言う私に、

「金星が許しているから……」と、意味深長な言葉で返す君がいた。

ここから先は、自らの意思で選んだ。

部屋に入って、また起こった。二人だけになった安心感から、ホッとして静かに抱き合った。その瞬間、すべての世界がなくなってしまったのである。肉体がない。五感がない。三次元のものが何もない。そこに居て、そこに居ない。

ただただ、想いだけの世界に浸り漂っていた。ずっとそのままに……。


二十分くらい経ったのだろうか、現実の世界に戻ってからすぐ、あの時を思い出していた。一九八八年のこと。アメリカの女優、シャーリー・マクレーンと別れのハグをした瞬間に、それは起こっていた。人生で二度目の経験である。あの時は、ただただ想いの中で、「おかあさん」と叫んでいたっけ。お互いに感じていた前世の親と子の感覚。それ以上に感じることも想うこともなかったが、後に出会った精神世界の言葉に当てはめて考えるならば、幽体で抱き合っていたのだろう。それが離脱すると幽体離脱ということになる。それは、四十八年の人生で初めての経験であった。

その後、仏教の有名な教典『般若心経』の色即是空、空即是色の解説を読み進めながら、あれは、〈空〉だったのかもしれない、と思うようになっていた。物質界——三次元のすべて＝〈色〉

が〈無〉になって、残るのは〈空〉の世界。それは、物質もなく、五感もなく、この世的な顕在意識もない。しかし、そこは何もないのではなく、空の中に想いだけが存在する。きっとそれは、永遠のエネルギー・レベルなのだろう。過去を含んだあらゆることが記憶されて存在する世界。物質界である〈色〉と重なって存在する本当の大元、根源の世界。だからといって、シャーリーとの時には親子の感覚以外に感じられるものはなかった。そして今回の彼女との時にはただ気持ち良い中に漂っている以外、自分の想いの中に何も登場することはなかった。過去のもっと詳しい他の記憶など……。

シャーリーとの関係が前世の記憶ならば、魂の記憶であり、魂の出会いということになる。彼女との関係も魂の記憶であるならば、それではまさしく、「出会ってみたい」と思っていた〈ソウルメイト〉ということになる。

男と女の関係で、人生で初めての特別な経験となった。何も期待しない自らの意識の先に、また起こった。突然に始まった彼女との世界は、それだけでまず特別なものになった。何か意味があって導かれ出会っていると確信していた。これから先に何が起こるか分からなかったが、私はこの関係を信念をもってつづけようと思った。

そんな不思議な体験だけではなく、肉体的にも何か特別な出会いを感じさせていた。どこかが触れているだけで心地が良い。細胞同士が共鳴し合っているような不思議な感触。人に接して、こんな感覚はかって一度もなかった。全細胞が、混じり合っている。そして、〝二人で一つ〟という感覚が包み込んでいた。

それぞれの肉体と想いが特別な関係をもたらしている中、この世の意識レベルでも不思議な感覚に包まれていた。罪の意識がない。良心の呵責もない。いつも一緒にいてくださると信じている神に対しての裏切りの心もない。ただただ、事実だけが存在していた。体の中が空っぽ。この世の常識も、折角長いこと培ってきた価値観も、私の意識の中には何もない。ダイヤモンドに導かれつづけたように、何かに引っ張られて起こっていると、本気で思わざるをえなかった。引っ張られて自らの中で起こる。だからこそ、このまままっすぐに進むしかない。これほどの出会いを経験したことがないのだから行くしかない。それにしても見えない世界は、私をどう導こうとしているのか。天の示しに乗って生きる。受け入れていたからこそ進んでいった。

魂の世界に目覚め、探究していたからこそ、私はまっすぐに受け止めた。自然の流れに乗る。

何日か後、またまた消えてしまったから先に進んでいった。この時には、〈時〉が止まった。我に帰って驚いた。三時間も経過していたのである。〈時〉は我々の意識の中には、まったくなかった。ただただ、〈空〉となる世界に存在していた。肉体があってすべてが無くなる。しかし、想いだけが存在する。そのままいつづけたいくらいに素晴らしい世界であった。こうして初めに感じていた特別な関係、導かれた関係という意識、空っぽの中からようやく互いに強く引かれるものが育ち始めたが、相変わらずに愛でも恋でもなかった。ただ、何かに引かれ合って会う時間をつくっていた。そして、互いに言い合った。

「どういうことなんだろう？　これはいったい何なんだろう？　この感じはいったい何だというんだろう？　不思議だね！　不思議だね!!」

「天は、どうして二人をつないだんだろう……」

十二月に入って、彼女は意外なことを口にした。

「今、親友のSちゃんが大変なの。事情があって二歳の子供を養子に出さなければならなくなって、ある人を紹介したの。そして養子先も決まった月に、田村さんの『地球はダイヤモンド』に書かれてあった町田の霊能者に相談に行かせたら、はっきりと言われてね。『この子は、あなたとはまったく縁のない子で借り腹です。外に出しなさい。その後にあなたの本当の人生が開けます』って……」

Sちゃんは、妊娠中にどうしても男の子が産みたいと切望してたいらしい。いざ妊娠して大喜びしたのも束の間、妊娠四カ月を過ぎた頃から――彼女も霊的な人なので――この子とは将来別々になる運命かもしれないという、言いようのない何かを感じ取っていたらしい。誰にも話さなかったことだったので、言われたことに対して妙に納得したらしい。私は話を聞いていて、そんなことあるんだなぁと思っていた。

何気ない会話が、後にとんでもない共時性を生むことになる。この時、我々は何も知る由《よし》もなかった。

素晴らしい時が進む。突然に始まった男女の仲だったが、家庭があることなど関係がなかった。ただ、とにかくまっすぐに進んでいた。

2

信じられない共時性

十二月二十七日。クリスマスの日に、親友のSちゃんは養子先へ子供を預けてきたという。二歳半になる最愛の子供だろうに……。決意の未婚の母であり、そして、強い決意の里子だったらしい。人には色々と事情がある。親友はどうしているのだろうか。

会話は養子先のことに移った。

「それがすごい家だったらしいのよ。彼女が住みたいくらいだったって。チビちゃんも幸せなんじゃないかなぁ。とてもいい人たちだったって。本当に良かったみたい。それに、チビちゃんの養子先がはっきりした翌日の朝の事、彼女すごい示しをいただいていたんだって。

宅配便で届けられた大きな二つの段ボールには、〝宝永《ほうえい》産業〟と〝豊栄《ほうえい》産業〟と、音では同じでも、別の会社の名前が書かれていたらしいの。同時に届いた違う二つが、同じ発音の上、違う漢字を見て、『宝、永遠に豊かに栄える』と思ったんだって。チビちゃんは本当に幸せになるって感じたらしいわよ。その養子先で間違いはないと、神様が見せてくださったんだって思えて、とても嬉しかったらしいの」

「それはすごいね。そんな偶然を天の示しだと、彼女も思えたんだ。つらかっただろうけど、それは納得がいっただろうね」

「それがね、チビちゃんが朝、不思議なことを言ったらしいのよね。ママが消えていないって。彼女もすごい霊的な人だから、チビちゃんも未来を見ていたみたいだって。天がつないでいるみたいで安心しちゃったらしい。チビちゃんの魂に言い聞かせているようだったって……」

「ところでさ、二週間くらい前だったか、養子先のことで、俺のいったことで君もスコーンと納得しちゃったことがあるって言っていたけど、どういうことだったの？」と私が聞くと、

「それはね、あの時たった一人、病院長の知り合いがいるって田村さん言っていたけど、あれぇ、あの時にはそのまま聞き流していたんだけど何て言った？」

「A病院長って言ったよ」

「そうだよね」

と言って言葉を飲み込んでいた。何かが体中を走った。まさかと思った。そんなつながりがあるのかって思った。

「あの病院長の家なの？　あなたが紹介した養子先って？」と私。

「なぜ知っているの？」と彼女。

「エイトスターたくさん持ってもらっているんだよ……。まさか、まさか、あの家の、あのお姉さんの家なの？　本当にあの家に行ったの？」

体中に衝撃が走った。なぜか分からなかったが全身に震えがきた。そんなことってあるのだろうか。

この広い世界に、いや東京に限ったって、一千二百万人が住んでいる。いったい何世帯の家があるというのか？　よりによってその家が、縁つなぎした子供が養子に行った先なんて……。何なんだ。何があるんだ。この出会いには何があるというのだ。

頭はグルグルと巡って、ただ震えて泣きながら抱き合っていた。そして、人生で初めて全細胞が愛に変わっていくのを感じていた。

一作目の著書『地球はダイヤモンド』を読んで、一人の女性がショールームを訪ねてきた。

「姉が子宮筋腫の手術をしまして、それは成功したのですが、その後から膀胱に穴が開いて、お医者さんが手術で塞ぐんですが、また他に穴があく。塞いでも塞いでも、他に穴が開いて、お医者さんもどうにも原因が分からないっていうんですよ。仲間の医師たちも分からない。そこで、ダイヤモンドの本を読んだので、このダイヤモンドを姉に持たせたくて来たんですけど……」

と言って、お姉さん用とご自分用に、それぞれに一カラットのダイヤモンドを購入してくださった。

この話を聞いて、私は咄嗟に霊障だと思った。何の原因かは分からないが、これは霊的な力を借りなければならない。まず、我が敬愛する王麗華先生の著書や御祓いをアレンジし、山形に病気が治る神の水があると聞いては、山の上まで取りに行ってお渡ししたり、サイババに会って帰ってからは、病をも治す聖なる灰ビブーティを届けたりして、何か、人事《ひとごと》ではない気持ちでお付き合いをさせていただいていた。半年が過ぎる頃、

「お蔭様で、仕事ができるようになりました……」と言って妹さんがやってきた。

「よかった、よかった!」と言う私がいた。

それ以後も、お母さんやご主人、子供さんにまでダイヤモンドを持っていただいたり、友人を紹介してくださったりと、エイトスターの大得意先であり、親しくもしていた人がいた。

こともあろうに、そのお姉さんの所、赤ちゃんを産むことができなくなったお姉さんの所に入ったという。こりゃ震えるよ。わけもなく泣けるよ。こんな偶然、人間レベルでは起こせないよ。我々の意識の底にさえなにも考えられない。ドラマにしたら作り物くさくなる。それくらい強烈な共時性だよ。そして、神に、天に問いかけていた。

「どういうことなんだ、神様……。何を二人にやらせたいんだい?」


そしてこの瞬間に、二人の出会いには、ダイヤモンドが関係している、と強く悟った。何かは分からなかったが、進化しつづけるダイヤモンドに関係している。そのために、我々のことは起こった。起こされた。我々の出会いは、やっぱりただの男と女のものではない。欲望の世界で結びついたものでもない。もっともっと何かがある。何かは我々凡人にはまったく分からなかったが、完璧にカットされたダイヤモンドの進化に、さらに関係して起こったものだと確信して、まっすぐに生きる決心をさらに強くした。私と彼女との出会いは、出版劇だけでつながれたもので

なく、もっともっと大きな意味や使命、新しい使命のためにつながれているのかもしれないと初めて思えた。

その後、彼女と妹さんは、共に二年前にショールームに来ていたと気がついて来店カードを調べてみた。院長婦人の妹さんがいらしたのが一九九〇年十二月七日で、彼女が来たのは十二月二日であった。たった五日違いで、私を訪ねたお二人。養子に出た男子誕生五カ月後にしてすでに天は、つなぎ役の彼女と妹さんのお二人を、ダイヤモンドを通してつないでいたことになる。その時、すでに我々二人も、はかられて出会っていたということになる。不思議なことを導きつづけたダイヤモンドだけれども、本当に不思議なことをするダイヤモンドだなぁと、あらためて感じ入ってもいた。

年が明けた一九九三年一月六日午後、妹さんが店にいらした。挨拶もそこそこに、

「十二月二十六日に子供が来たんですよ」と、いきなり言われた。

「連れてきた人が、天河に関係している人みたいで、このペンダントを見てすぐに『天河ですね』って言ったんですよ。何かつながっているみたいですね」と言って、胸からダイヤモンド付きの天河神社の紋章、五十鈴を出した。

「二歳半の子で、色々とあったんですけど、姉が養子をもらいまして……」

「それはおめでとうございます。それでどうですか？　お姉さんとお子さんは……」

「毎日大変でバタバタしています。家は女系家族で、初めての男の子なので……」
「そりゃ、すごい縁のようですね。すごい子ですよ。お姉さんとすごい縁の子のようですよ」
「そうみたいですね。その晩から、ベットで当たり前のようにぴったりくっついて寝ているんですよ……」
「それはよかった。すごいお子さんですよ。何かエイトスターを持たせたいですね。考えておきます。それはともかく、お姉さんとすごい縁のお子さんですね」

不思議な、そして、静かな興奮が体中を走っていた。あのことが喉から出そうになって気持ちが前に出る。話してやりたい。

すごい縁で、エイトスターが関係しているんですよ。天がつないだご縁だということをいくつもの偶然が示しているんですよ。エイトスターが中心にあってすべてにつながっていたことが最高な縁組の示しですよ、って言ってあげたかった。でも今じゃない。今じゃない。だいいち、その縁つなぎ役と私が一つになっているなんて、とても言えない。

特別な感情を込めて、彼女を見て、握手をして別れた。

ただ、「『マインド・キャラット天孫』は、大事にしてください」とだけ付け加えて。

裏ではすごいドラマが進行していたのである。何も知らなくていい。そして、何も語らなくていい。「黙って神様につなげる人とありましょう」と我が師はいつも言っていた。

今その子と新しい母親は、間違いなく神につながって、親子となった。それを知っている人がいるだけでいい。知って幸せを祈っている人がいるだけでいい。見えない世界でつながり、幸せを誰よりも祈っている人がいるだけでいい。

五感の世界に身を委ねてしまいたい気持ちがいつも強いが、本当の本物は、そうしてただ静かに納得し、心の底で喜んでいるだけ。そんなのつまらないよって言いたい時もあるけれども、やっぱりそうなんだよね。黙っていられることが、本当の本物。秘儀中の秘儀なんだろうと思える。秘儀中の秘儀の頂点が、神の世界なんだよ。

今、本当の本物の世界に我々は導かれているように思えて仕方がないのだよ。だからこそ、心の奥底で、静かに、大事に、慌てず騒がず、ゆっくりとやさしく、そして、しっかりと本当の本物の愛を育まなければならないのだという気がするのだよ。そして、愛のエネルギーの究極の具現者になる。そういう出会いなのだと思うのだけど、でもでも、いつも今すぐにも会いたい。話したい。それが究極の愛のエネルギーに至る道であることも知っているから、余計に会いたい……。

こうして、交際はつづいていった。昂《たかぶ》ることもなく、すべてが自然であった。自由に会える関係ではなかったが、天は我々が会いたいと思う時に、〈時〉を用意してくださった。人間界レベルで考えるならば、やっぱりしてはならない。しかし、天からは何の咎《とが》めもなく会う時は作られた。見えないエネルギーは導きつづけた。

そして、私のごく近くに、霊的世界が自由自在にできる人が現れた。チャネリングが自在であった。およそ本人の知識にはないようなことを喋った。この世のことに何も驚くこともなかったが、向こうの世界のことには大層興味があった。私の知らないことを喋った。そして普段の彼女は、抜けていた。飛んでいた。軽やかであった。明るくて、あたたかだった。天使や妖精のようだった。会っている時に私は、やっぱり軽やかに飛んでいた。今こそ私は飛ぶ準備が整ったと思った。そして、少しずつ人間界的な感情が現れ、もっと堂々と会っていたいと思うようになった三月に、新たなことが起こった。

3

妊娠

家庭ある身でありながらも、できるだけの時を持った。ほとんど昼食を共にしながらたくさんのことを話していた。表の世界ではない裏の世界。表になれない状況を思って、世界中にある秘儀の世界に入ったような気持ちになっていた。精神世界の奥義、意識の高揚のための秘儀。誰にも知られずに進化する道。響きも心地良かった。しかし、そんな話をする頃から、少しずつ彼女の意識に変化が出始めていた。ただただ、一つになっていればいいという感じから、進むべきか引くべきかを考えたり、表の世界の人になりたいという雰囲気が現れ始めた。

そんな時、少々怒りながらも、金星に聞いたのだと言う。

「秘儀も分かるけど、いったい私と田村さんはどうなるんですか？」と。

「そうしたら、間違いなく声が聞こえたのよ。『彼の核だけ見るように』って」

「それはすごいね。周りの余計な部分を見ずに核だけ見ていてくれるなら、そんなありがたいことはない。ますますまっすぐに行けるよ……」

私にはよく分からなかったが、チャネリング体質の彼女には、チャネリング状態での愛があり、他のすごいエネルギーが一緒に愛に加わっていたよという愛があり、相変わらずに心地よい細胞同士の時があり、私はいつも会うたびに、「ありがとう」と言っていた。

会話といえばいつも、宇宙、天、神などであり、愛の究極の姿や、上に昇っていくにはどうしたらいいのかなど、魂の進化に関することばかりであった。時々、彼女のチャネリングに出てくる、金星やオリオンのエネルギーにも感謝するばかりであった。

二月に入ってから、彼女は、オリオンのエネルギーに言われたのだという。

『御子《みこ》よ！　大きな流れの中にいないのならば、こっちへいらっしゃい。大きな流れの中にいるならば、このままでいることを許します』って。今まだ帰りたくないのよ」

大きな流れとは、私と共に行くことだとのこと。何かは分からないけれども、私と一緒にやらなければならないことがあるらしい。

「実はね、あなたの子供をこの世に残すために、三人の女性が用意されていると言うのよ。一人目は、すでに出会っているけどその人は、病弱な体と周囲のことを考えて止めたんだって。二人目が私で、三人目はまだ会っていないんだって……」などとも言う。そしてまた、

「何だか分からないんだけれども、マリア様が両手に赤い玉を持って階段を汗びっしょりになって降りてくるのよ。これって、私の魂が向こうに帰ってしまいそうになるものを慌てて返しにきているのかしら……」などと言ってみたり、

「よれよれの服を着たモンゴル人みたいな老人が二人慌てて来て、『受け取ってくださるのですか？』って、金か黄色い玉を渡すのよ」などと、見えないエネルギーからのメッセージをはさんで、家庭ある私も当然のように、本当にワクワクしながらも、天からの子供を受け入れることが当たり前のような雰囲気に自然になっていった。そんな時、

「ないのよ……。どうしよう？」

「そんなわけはないだろう……。この前の終わりは何時《いつ》だったの？」

まさかの、突然の妊娠騒動が起こった。そんなわけはないという男の確信があった。しかし一方で、何となく不吉な予感が思い出された。何気なく一言追加した言葉があった。十二月二十三日、どうしても行くところがあるからと別れる前の数十分、神宮外苑のいちょう並木に車を止めて時を過ごしていた。目の前のビルの屋上には、大きな看板が立っていた。

「〝ナザレのガブリエル〟ってどういう意味？」

「あれはね、大天使の名前で、精霊に命じて性的な関係なく、聖母マリアに処女懐妊させた大天使さんの名前。そして、イエス・キリストが生まれたって言われているの」

「じゃ、エッチしなくて、イエスは生まれたの？」

「そんなことはないと思うけど、あるのかなぁ……」

できるなんて、そんなわけはない。しかし、何とか確証が早くほしい。今は大変に便利になって、尿検査で妊娠しているかいなかがすぐ分かるものがあるらしいから、買って調べてみようと

言って、彼女の勤め先の周りを昼休みに車で走った。

一軒目、彼女が飛び込んで、何も買えずに帰ってきた。

「ばかだなぁ。未婚だなんて思っているから買えないんだよ。堂々となりきればいいじゃないか。私は結婚しているって！」

「私できない。正直だからウソがつけない！」

「人のものを買ってやるっていうふうには？」

「それでもできない」

「そうかなぁ、なりきってやったら何でもできると思うだけどね……」と冷やかして、二軒目は私が行った。

誰もいないと思った店内には人がいた。私も買えずに、きびすを返して戻ってきた。車の中で、ひっくり返って笑っている彼女がいた。久しぶりに腸が捻転を起こすくらいに笑った。いやぁ、すみません。買えないものだ。

車を走らせる。そこは、早稲田大学通り。

「あった！」と彼女。三軒目がすぐに見つかった。通りすぎて止まった私の耳に、追い打ちの一言があった。

「か、か、か、か、かんせいいどうだって」

「かんせいいどう？　物が完成するって書くの？」

車を寄せていたので、自分では見えなかった。

「違うのよ。完全に生まれるって書くのよ……」

「うそだろう。字が間違っていない？　そんな店の名前ないよ……」

車を止めた目には、確かに〈完生堂〉という字が飛び込んできた。瞬間、検査薬を買いに降りることもなく、まっすぐに前を向き車を出した。

示しだ。これは間違いなく子供ができて、完全に生まれるという示しだ。意識の奥底には、何か特別な静けさが広がっていった。

後で彼女が買って調べた結果、薄く陽性反応が出ていた。まだ、今日あたり月のものが来るはずだという時期に、すでに尿検査によって分かる時代がきていた。

子供ができたらしい。だとすると、あの時かもしれない。

「絶対に広島よ。そうだとすると、本当に天は急いだんだね！」

隔月雑誌『たま』の取材で、広島に出張した。彼女が記者で、私はインタビュアー。植物さんの予知能力を研究しておられる、三上晃先生を訪ねた帰りの日、二月十七日ということになる。隣同士の部屋だった彼女が、朝早く私の部屋に移動してきた。

それにしても、まさか、そんなわけはない。男だけが知っていることがある。本当に大天使がやってきて、精霊を使ったというのか。

思えば確かに不思議な日だった。自分たちでは分からなかったが、何かが特別だったらしい。新幹線出発まで三十分あり、時間調整で駅前を散歩した。温かい春のような日だった。道を渡ったところにバス停があり、そこから六～七メートル離れたところに低い石垣があった。二人並んで座っていた。大気中が我々を祝福しているかのように、気持ちのよい五月のような天の気だった。四人の女子高校生の目線に気がついた。何か特別な憧れを見ているかのように、我々を見つづけて囁き合っていた。

「彼女たち、何か見えているのかなぁ。我々のこと、不思議な雰囲気で話しているよ。天使でもいるのかなぁ……」

と彼女に囁いた。確かに我々はいい感じだった。完全に溶け合った一つだった。

バスに乗り込んだ四人は、一番後ろまで走ってきて、小さく恥じらうように皆で我々に手を振っていた。二人で手を振って応えたが、あの場面だけやけに脳裏に焼きついていた。人に何かを感じさせるほど、特別な雰囲気の二人だったのを覚えている。後で分かることだが、この日はやっぱり特別な宇宙的な日であったらしい。

妊娠が確実になった。家庭ある私にとっては、大変なことだった。しかし、意外なことに一切の後ろ向きの思いはなく、むしろ喜んで受け入れていた。心の内では、「俺もこんなことをやっちゃった」とさえ思っていた。だから、一般的によく聞くことだが、出産には反対する側の男の私が、「産んでくれ……」と頼んでいた。

家庭がありながらもそんな気持ちでいられた裏には、二十年あまりのあいだ何十回となく妻に言われていた言葉が意識の根底にあったのだろう。

「私に分からないようにするならいいわよ！」

「子供の二人や三人、連れていらっしゃいよ。育ててあげるから……」

太っ腹な言葉だった。これまでの人生、一度もその気にはならなかったが、その時、私には大きな許しのエネルギーのように勇気を与えていた。きっとそうなるだろう、と。それにしても、相談しなければならない。私の性格では隠し通すことなどできない。前向きに喜んだ気持ちのまま、私の脳裏には、妻にどう言いだしたらいいのかが、絶えず占めるようになっていった。いつ何時《なんどき》も、どうしようかと考えつづけた。

それにしても急だった。まだ五カ月しかたっていない。

とにかくすべては、意識の世界に目覚めたから起こった。偶然は何もない。魂の進化のためにすべて必然なのだと思うようになって起こった。この世の常識を守って生活していた私にとって、彼女との出会いまで夢にも思わなかった。しかし、魂の世界に目覚め、何事も進化への道なのだと目覚めた後だからこそ、まっすぐに進もうと思った。

この日の瞑想時にも、昨日までと違う感覚があった。頭の上側が上に引っ張られるような、初めての感覚の中にいた。そして、ずっと妻へのことだけがありつづけた。

そんな特別な意識が、ちょっと人間界のものになったのは、何日か後の会話の中で冗談まじりに彼女が言ったことからだった。

「母には、『田村さんと結婚することになりました』と言えば、すべてまぁるくおさまる。そしたら、私の母も泣かないから……」

冗談にしても、いきなりそれはないだろう。結婚なんてできないよ。離婚なんてできないと思いながらも、それ以来よりさらに強く頭の中を占めつづけるようになったのが、妻への一日も早い告白であった。妊娠の喜びに満ちながらも、日に日にそれは重くなった。その重さをさらに重くしたのが、彼女の突然の結婚発言だった。

突然の妊娠で相談しようとしている私の方が大変な時なのだから、せめて彼女だけは静かなままでいてほしいと願った。

導きの先に起こった妊娠騒動。今まで経験したことのない、新しい世界が始まったように思った。きっとこの先に、何かの答えがあるのだろう。魂の進化に関係したことがあるのだろう。それにしても私に子供ができる。真面目に、常識的に、道徳的に生きてきた私にとって型破りなことが起こってきた。五十歳を越えた人生にとんでもない世界が待っていた。

——玲子のひとりごと

ガブリエルの会話の時すでに、「君は僕の子供を産むことになるんだよ」って言っていたんだよ。
言霊《ことだま》どおりになったのよ……。

4
告白・混沌

いきなり突きつけられた結婚には参った。まだ軽い冗談のエネルギーが入っていたにしても、いきなりはこたえる。「後はあなた次第よ」と言われて、確かにそうだけれども離婚の離の字も話が出ていない家庭の中にあって、愕然としながらも離れられない二人でもあった。この数日間は、微妙な感情のやりとりがつづいていた。会話を進めれば進めるほどに、ナーバスになる。お互いのほんの少しの言葉に反応して、神経質になっていく。

宇宙や、天や、神を学び、エネルギーの大事さを理解していた二人なのに、そうした素晴らしいエネルギーの中で、子供を育まなければならないのに、すでにできない。それでは天の意思に適わない。分かっていても、突然の決定打に意識は内に外に乱れた。

三月十一日――そんな二人の感情を救ったのが、チャネル体質の彼女の一言だった。

「オリオンのエネルギーに色々な問題を聞いてみたのよ。その時に、もしかしたらと感じたことがあったの。それは、二人の結婚という枠を外すこと。私は結婚を望まない。田村さんは、離婚することによって結婚から離れる」

なるほど。それは面白い、名案だと思うと同時に、彼女のエネルギーがこの数日のものと劇的に変わっていたのがうれしかった。言葉と雰囲気に押されて、追い込まれて、私は苦しかったけれども、これは新しい方向であり、もっともだと思えるものでもあった。彼女はつづけた。

「アダムスキーが、人間の魂の進化を遅らせた原因は、安定だって言っているの。今私たちも色々なものを捨てさせつづけられている。田村さんは築き上げた結婚というものを、私はこれから築き上げようとする結婚というものを捨てさせられようとしている。二人とも同じ問題でつまづいているのよ！　魂の進化のためには、この世的な籍など必要ない。魂が自由な中で進化していく。枠の中ではない。本当に結び合っていれば必要ないのよ！」

　結婚という形式の枠を共に取り払って、自由な環境の中で二人の魂の昇華を果して、その中で一人の自由な赤子を育てる。魂の結び、結魂か……。

　何と素晴らしい提案、いや、天案なのだろう。それにしても、俺は離婚をするしかない。そんなことといきなりできるわけないじゃないか……、突然に……。

　三月十二日――産院に行って正式な検査の結果、何と二カ月目に入っていて、十一月八日が予定日だという。

　三月十四日――妊娠が正式に確認されて、オリオンからの新しいメッセージがあったらしい。お腹が大きく目立つようになる六月までに、私は離婚を宣言して、彼女は結婚をしないことを宣言する、というのだ。

結婚の枠を外れるのは名案だけれども、宣言に期限がつくと言いだした。無理な相談だった。君にはいつでも宣言はする。それこそが、私の責任だからと言ったが、とにもかくにも急に何かが動く。


三月十五日――思い立ったら、じっとしていられない私は、すぐに妻への告白の手紙を書き始めた。事実を書き記し、この子と我々を助けられるのはあなたしかいない。どうか大きな心で助けてくださいというお願いだった。

実は、結構私としては楽観していた。いくつかの反応を予想していたけれども、やっぱり二十年のあいだに何十回と言われていたことが深く脳裏にあって、大きな心で受けてくれると思っていた。予想した中でも最も楽観的な反応は、

「やったね。パパにもそんなことできたんだ。すごいじゃない。それは協力しなくちゃね……」

というものだったし、他の予想したほとんどが、うまく受け入れてくれるだろうことばかり私の意識の中を占めていた。

しかし、それは意外な（?）展開だった。最悪だった。激しかった。俺の予想は甘かった。頭を下げているしかなかった。

「そんなことが神様の導きなんかでは断じてありません。自我そのものです。そこいらにある薄汚れた関係と同じでしょう。それがどうして神と関係しているのですか。サイババさんだってお

っしゃっているでしょう。霊的な進化とは、人間としていかに正しく生きるかだって……。あなたは霊界の罠《わな》に嵌《は》められています」

おっしゃることは、確かに人間界的にはまさしくそのとおりだった。でも、やっぱり導かれている。表面的には男と女の関係で同じでもやっぱり違う。明らかに自分の意思を超えて、ことは起こっている。この感じは、経験しなければ分からないだろう。でも、そんな主張をするわけにはいかない。ただ、聞いているだけであった。

そして最後に、

「何よ！　ただのチンピラじゃない。私の相手ではない。安心したわ。謝りに来させなさいよ。そうしたら、相談にも乗ってあげるわよ……」

「離婚はしません。子供には罪がありませんから産んでください。今回のこと、私側に罪はありません。そう考えていてください」

事業に失敗しての離婚などは考えられても、他に女性がいて子供までもできたと切り出されての離婚には、応じられない。そりゃ、そうだけど……。いやぁ、それにしてもずっと言ってきたことと違ってショックだった。

三月十九日――前日まで天に全託して、素晴らしいエネルギーの中で新しい生命を育む、と言っていた彼女が考え込んでしまったらしい。

確かに未婚の状態のままでの妊娠によって精神的には不安定な上に、一つ感情を刺激するものが増えていたのだから最悪である。でもこっちはこっち、導かれたままこれまでのように、素晴らしいエネルギーのままに進んでいこうよ。結魂だろうに……。

こうして起こる感情的なものすべてにカルマが原因しているならば、その原因を見つけ解決していこうよ。

二人でいる時の、あの愛のエネルギーを信じようよ。それだけで十分じゃないか。そして、自然に解決されていくまで待ってくれよ。

そしてもう一度オリオンに、私が別れて結婚の枠から外れることが君の自我なのか、宇宙の意思なのかを聞いてほしいと頼んでみた。

結果はもっと厳しいものであった。カラッとした声はクールだった。

「終わったのよ。田村さんが結局、結婚という枠を外すことができなかったので、宇宙はサポートを終えて新しいエネルギーを返しますって」

おいおい、そりゃないよ。まだ始まったばかりなのに。本当に宇宙との恋は怖い。私の自由なんて何もない。ただ操られているだけのようだ。何から何まで、想いもしないことが突然にやって来る。

三月二十日——「会いたい」と言う私に、「会ったとしたら、肉体的な関係だけになってしまうから会わない」と言う。本当に彼女、宇宙人だったんじゃないだろうか。私が自分のペースで自由にいられたのは、子供ができたと分かるまでで、それから後は、オリオンの指示を第一に彼女は生きつづける。

さらに、オリオンからの私への直接のメッセージは、

「魂の自由を、この制限のある地上で実現してほしい。そういうエネルギーの中でこそ、この子供を育ててほしい。さもなければ天に返します……」

私が結婚の枠から自由になることが、宇宙的な自由の具現化だという。待ったなしだと言う。私には、突然に突きつけられた予想外のこと。考えには同意するけど、今すぐというのは難しい。あらゆることを解決できる時間ではない。確かにあらゆることが用意されて起こっている。それにしてもあまりにも急だよ……。

時間の猶予を頼んでも聞き入れない。追い込まれつづける私。彼女と子供を失いたくないならば、結婚から自由にならなければならない。何を話しても会話の最後はここにくる。彼女には、物質界の肉体として素晴らしい世界と、宇宙のオリオンの意思にしたがった二つの個性があった。だから、二人でいる時の彼女は、相変わらずに素晴らしい。何をやっても最高の二人である。しかし、ひとたびオリオンに支配されると、新しいアイデアのように見せての無理強いに豹変する。とにもかくにも解決策は、私が離婚をすることだけ。

それにしても、私のつけいるすきまはない。それは、新しい生命を欲してしまったからだ。私が欲しいと望んでしまったからだった。

この一週間、突然告白された妻にとっても地獄だった。もう後戻りはできない。そんな中で妻は、寒川神社に行った折、神様から、

「スメラミコトは、国の親。すべての親を敬い、すべての子供を敬う」との声を聞いて抜けていった。

三月二十二日——彼女は完全にオリオンの心になりきっていた。あまりの頑《かたく》なな要求に、「宇宙人は嫌いだ」と俺は叫んだ。彼女は、「地球人は嫌いだ」と叫んだ。別れる話が何回も出て、俺もあきらめの気持ちが意識の底にもたげてくる。でも、俺は恐れた。彼女と別れるのを恐れている。突然に終わりがやってくることを恐れている。その胸の内には、新しい子供の存在も大きかった。

三月二十三日——私は今宇宙と地球のあいだの宇球人。しっかりと地にもつけていなくてはならない。彼女はすでに決めている。天の指示にしたがって、天との関係の中で生きると。天の喜ぶ方向に向かって生きると。とても別れが来るとは思えないけど、そこの一点にまっすぐであった。どういう仕組みでの事の起こりなのだろう。まったくつかめない。

「それぞれが一番やりたいことに向かっていくことが一番なのよ」と平然と言う。彼女にはついて行けなくなるのかもしれないと思った。別れがやっぱりあるのかれしれないとも思い始めていた。

では何だったのか。あの偶然は……。そしてあの細胞までが重なる〝二つで一つ〟は何だったのか。その結論が、これだけガチャガチャになった上での別れであり、子供を天に召されてしまうということだとしたら、いったいどういうことだというのか。この結論にはとても納得がいかない。本当にこれは何だったのか。


三月二十四日——さらに天との関係を激しく主張する彼女がいた。

「田村さんや周囲のことも大変に重要だけれども、私は私の一番信じること、一番向かっていきたいことを選ぶ」と力説する。

「田村さんもそうすべきなのよ。横の人間界のしがらみでは魂の進化がないじゃない。だから、本当に自分でやりたいことをやっていくわ」

「やりたいことは何なの？」

「天に向かう家庭を作ることよ！」

玲子、本当の展開はそんなテンポじゃない。もっとゆったりと、周囲と調和をさせながら、自らを消すように進むことではないだろうか……。私にだってついていけないペースになってしまったとしたら、それは君だけがおかしい部分に合わせられているということになる。どんどん、どんどん君は過激になる。これほどの関係をもすっ飛ばして、絶対の期限をきり、厳然とした態度で進もうとする。なぁ、少し余裕を持ってくれよ。まだまだ長い先がある。もう少し心に余裕を持ってくれよと願うばかりであった。

夜十時すぎ、我が心の師、王麗華先生のご主人から、これから伺うとの電話があった。心配をして自宅に来てくださった。

王先生は、ほとんどお話しにならない。この世の常識的な解決法を、ご主人が話してくださった。私もこの世的には十分に分かっていた。家庭第一に解決することだろう。でも違うんだよ。そうじゃないんだと魂が叫んでいた。十二時前まで黙って聞いていた。もう話は十分だった。最後に私は先生に問うた。

「これだけの偶然が重なって起こっています。精神世界では、すべてのことが必然だと言われます。だとしたら、この先には何があるのでしょうか？　精神世界を理解したからこそ、導かれているという、私は確信犯なのです。導かれた先に何があり、どうなるのかを教えてください。それが納得できたならば引き下がります」

長い沈黙があった。これ以上先生のお言葉を待つのはかえって失礼になると思い、「明確に教えてくださらないかぎり自分で探究して答えを出すしかありません。だから私はこのまま、まっすぐ行きます」と、強く宣言していた。

まったく自分でもやっかいなヤツだと思う。人間界的に人一倍責任感や社会的な常識を持って生きていた者が、それを踏まえた上で導かれていると思うから、まっすぐに歩きたいと宣言してしまうわけだから……。

深夜一時十五分にお帰りになられた。ご心配をおかけしてすみません。ありがとうございました。長い一日が終わった。二時過ぎに床に入る。

――ここまで読んだ、玲子のひとりごと

私は、非嫡出子など産みたくなかった。人から指されるような人生などやりたくなかった。堂々とウェディング・ドレスを着る人生をするつもりだった。

しかし、田村は真剣だった。しかも六本木で食事中、いつもに比べて元気のない彼は、突然に言い出した。

「もし君が子供を産んでくれなければ、息子が死ぬことになる。それが霊的な世界の掟なんだから……」

私は唖然とした。私の手に、お腹の子と別の人の命がかかっている。たくさんの知り合いに聞いたら、そんなおどろおどろしいこと、と言われもした。しかし、命の尊さを学んできた私が、他人の命がかかっていると言われて、出産を諦めることなど到底できなかった。だから、色々と思ったし、上からも言われていた。とにかく心は、パニックだった。

――それに対して、私のひとりごと言ったの忘れていたけど思い出した。

霊的な世界を知らなければ何も関係ない。しかし、やったことは返さねばならない。それが一番弱い所に出ると霊的な世界のルールをある人に聞いたばかりだったからまじだった。その世界を理解したからこそ、確かに真剣に言った言葉だったなぁ……。

でも君も真剣に聞いてくれていたよね……。

三月二十五日――突然にオリオンが譲歩したと言う。二年待つと言った。君とオリオンが変わってくれたお蔭で、久しぶりに楽になっていた。昨日だったとのこと。王先生が来てくださった日だった。見えない世界でも色々あったのだろうか。しかし、二年についてしっかり決めておきなさいと言われて、やっぱり決定的なことを詰めてきた。

本当に自然の流れに任せたかった。天に任せたい。自然の流れにそって生きることが分かってきていたからこそ、そうしたい。

しかし、彼女の意識の中にはいつもオリオンがいた。絶対にはっきりさせようとするオリオンの意識があった。ここまで言うオリオンがすごいのかどうか知らないけど、人間としての自分がない彼女に何となく重さを感じ始めていた。今私は、自分で審神《さにわ》をしていかなければならない。子供が欲しい。彼女との愛も大事にしたい。相性を大事にしたい。しかし、それが突然に虚しさに変わるビジョンを感じさせられているようでつらかった。天に全託というのは分かるが、どうも自分がない。だからこそ全託なのだというだろうけど、何とも見えない。掴めない。自我を隠した天の言葉利用という感じだった。王先生が昨夜、

「欲してはいけません。それがルールです」とおっしゃった。

初めは欲する気持ちなどなかったはずだが、今は確かに子供を欲していた。だからこそ、こういう意識の連続となるのだろうか。捨て去ればなくなるのだろうか。何かが私の内でも違ってきていた。

三月二十六日――九州への講演旅行出発の日。十時半発の長崎行き。羽田まで自宅から近いということもあって見送りに来てくれた彼女。二階のコーヒー・ショップに入って朝食を摂る。また突然に期限の話になった。二年待つと言ったけれども、確約してくれと言う。私は正直に答えていた。

「今から二年後、決定的な状況は約束できない。それに向かって全力を尽くしていくけれども、今それは約束できない。自分のまっすぐさは、今まで君とオリオンが望んだ線に向かって、まっしぐらに進んでいるじゃないか。その経過を考えてみたなら、これからもその意識でやるだろう

と思えないかい。言ったことを必ずやりとげるというようには思えないかい」と問うていた。

突然に君が反応した。いつものように反応した。いや、今まででも一番強く反応した。昨日の今日だったから余計だったのだろう。

「私にはできません。もう終わりです」

その瞬間から我々の気は止まった。凍りついた。急に周りにも分かるくらいの沈黙の世界となった。沈黙をしていながら、何かが強く動いていた。

ダメになる。もうこれで終わりだ。この日の君の反応は、まったく強かった。私は正直に、真面目に言ったけど、彼女は変わらなかった。変わらない彼女を見て黙った。君の眉間に向かって、「産んでくれ！　産んでくれ！」と、口の中で呟いていた。本当に変な関係である。普通は男の私が産まないでくれっていうのに、反対のことを言っている。

とにかく言葉は途切れた。終わりがやっぱり突然にやってきたように思えた。とにかく激しい人だ。波動が少しのことで変わる。そりゃそうだ。不安なのだろう。それは分かる。でも、子供ができたことやこれからのことに対する不安を超えて、この主張は彼女自身の強い感情のように思える。

しかしそれを隠して、子供に対する愛の波動の必要性とオリオンの望むことを全面に押し出して私に向かってくる。その一見高い世界からのメッセージのように思えることの中に、時々本当に強い自我を感じるのだよ。でも突き破れない。それを自分の思ったままに言えば、その瞬間に終わりという感じがしてね。

このところ、絶対そんなことを考えもしないと思っていた君の口から、「天ではなく、人の手に委ねる」というエネルギーが感じられて苦しい。盛んに時間がないと言う。

それが何を意味しているのかは分かった。その時が近いということなのだ。ある時期を過ぎたら危険だということなのだ。その時までに、二年の約束ができないならばそうすると言外に言っているのが分かった。そしてさらに、その時にはこれほどの導きの我々の関係すらも終わると言っていた。つづける意味がないと言う。それは人間の欲だけだと言う。

まったく私はがんじがらめの中で攻められつづけた。子供も君との関係も終わりたくない。欲もあったが、もっと大きく意識を占めていたのが、こんなに導かれた我々の結末が突然のそんなものだとは思えないということだった。

しかも、女房に対してもまっすぐに向かって話を通し、君の望む方向を自分の意思として話している私としては、突然の終わりはまったくやりきれない。ここまできた梯子を外されてしまったようでとにかく虚しい。

こんな結末のために、俺は女房に向かい、そして離婚まで本気で進めてきたのだろうか。いや、離婚よりも何よりも、こんなことを話さなければ良かったと後悔していた。こんな、家を失ったり、引っ越しをするとか、別居をするとかという大変な時に、よりによって子供ができたことや、離婚まで話をしていた。

それがたった十日あまりで終わりだなんて。そりゃない。それなら十日待っていれば良かった。

いったい何だったというのか。

会計をすませ、階段を放心したように、しかし手をつないで降りた。最後になる。君の肌の一部にさえ触れるのはこれが最後になると思いながら手を握っていた。人がたくさんいた。その中も手をつないだまま歩く。もう行かなくてはならない。出発二十分前であった。搭乗口が目の前になる。そこまでついてきた。こんな形で別れるのだと思いながら、私は搭乗口のチェックに向かう。抱きしめたかったけどできない。ただ、「頼む」とだけ言って別れる。「別れるなんて言わないでくれ。頼む」という念であった。

赤外線のボディ・チェック越しに振り返る。君は顔中で笑っていた。笑って別れようとしていると思った。私も精一杯に笑って手を振った。本当にこれで終わりだという思いが体中を包んだ。目で君を追う。君は気づいていない。何事もなかったように、足早に君は遠ざかる。君の背中を見送りながら、本当にこれで終わりだと思っていた。体中の細胞が騒いでいた。飛行機の座席に座ってからも目を閉じる。全細胞が共鳴して騒ぎつづける。瞑想状態のような不思議な感覚が襲っていた。気が五十センチくらいに膨らんでいることが分かる。隣の人はさぞ熱かろうと思う。何でかは分からなかったが、ずっと細胞の共鳴し合う熱さはつづいていた。状況を考えながら言霊の世界に入っていった。

今長崎に向かっている。長い先を暗示されていた。それから福岡に行く。福の丘があることを暗示されていると思った。その後に鹿児島に行く。しまは〝四万〟。四万の加護があるのにと思っていた。分かってくれと念を送っていた。今どうしても新しい生命が欲しい。早まったことをしないでくれと祈った。あの足で病院に行っている可能性を案じていた。馬鹿なことはやめてくれ。君が一番いやだと思うことなのだからやめてくれと念じていた。

長崎への二時間の飛行が終わる頃、迎えにきてくださっている平原寿子さんに悪いと思って、現世のエネルギーに戻る。しかし、戻りきれるものではない。平原さんを見つける。電話を一本と合図して、電話にかじりつく。虚しいことに留守電話になっていた。

「君が結論を出したのならそれはそれでいい。しかし、俺は気が済まない。俺は今まで君に遠慮をして言えなかったことがある。どうせダメになるなら、俺は君が言っていたように、私の核でまっすぐにぶつかる。核で感じていることを、まっすぐにぶつける。その上でダメなら、私も決心がつく。だから連絡を取らせてくれ。そして、どうか人の手には委ねないでほしい。天の手が処置するなら受け入れるしかないが、どうか人間には任せないでくれ。なぜなら、長い先と、たくさんの福の丘と、四万の加護があることを示されているのだから……」

切った後もふたたび、どうか短絡的なことはしないでくれと祈った。彼女の激しさから、可能性が頭を大きく包んだ。

平原さんの案内で、例年ならば四月の三日くらいにやってくるという、大潮を見にいくことになった。今日から三日間、〈観潮会〉が催されるという。大村湾から出ていく潮と入ってくる潮が、大きな渦をつくるらしい。向かう車中、平原さんの車に掛かっていたサイババのキーホルダーの写真を見た。そうだ、サイババにお願いしようと思って、気づかれないように祈った。

――気短なことをしないように、どうか私の気持ちを伝えてくださるように……。

着いたところは、西海橋《さいかいばし》。再会か……と心で呟いた。この下に、大きな渦潮が現れるのだという。彼女の案内で、「うず潮」という水際のレストランに降りていった。二時少し前であった。座敷に通された目の前には、すでに小さなゆるやかな渦潮が始まっていた。この日は、一年に一度の大潮だという。大潮の時の渦潮だという。大学時代以来三十三年ぶりに訪ねた長崎。出際に、大きな別れのごときことが起こった今日。目の前では、またまた大きな偶然が私に示しを与えていた。このためにここに来たのだと思っていた。

外海から流れ入る潮と、湾にいっぱいになった内の海水が外に出ようとする時に、この狭い湾の出入り口で大きな潮が巻く。湾は、ＯＮＥ。ワンに、外からのエネルギーと内からのエネルギーが混じり合う時に、大きな渦潮となる。それは、旧暦の三月三日。大潮は、地と月の引力によって起こる天と地の、いや天と海流のショー。天からのメッセージだと思った。その巻き始めに私はいた。三十三年ぶりに訪れた地、長崎でのこと。別れのようなものがあった後見せられていた。

二つのエネルギーが交差する時、エネルギーが強ければ強いほど、そこには大きな渦が巻く。右周りと左周りの反対の渦が巻く。そして、中心は決して動かない。星雲の写真と同じであった。これこそが宇宙に存在するエネルギーの形なのだと思っていた。そして、まさに我々の今の状況を見せられているように思えた。大きな渦のエネルギーの中から、すべては創造されるのだ。新しい何かが創造されることを暗示されているのだ。創造するべきなのだ。何とか通じてくれ……とふたたび祈った。

上には西海橋。再会の橋渡し。可能性があると思っていた。しかし、その途中で何回かする電話は、すでに君の声の留守電メッセージもなく、機械音が侘《わび》しく留守であることを告げていた。やっぱり彼女は決心してしまった。もう追いつかないことになっているのかもしれないという不安でいっぱいにもなっていた。

九時半すぎだっただろうか。またまた虚しい結果になるのか。電話のベルの向こうで息を潜めながらも、絶対に出ないと決心した彼女がいるのだろうか。それとも、手術の後の体を誰かの家で癒しているのだろうかなどと恐ろしいことを考えながら電話をした。そこには意外にも、待って待って待ちつづけていた君の声が飛び込んできた。

「タムリン、もう一度電話をしてってお願いしていたの。大丈夫よ。何も心配をしないで。別れてからずっと変な伯父さんが出てきて囁くの。ここは田村さんの言うとおりにしてやってくれよ。誰だか分からないけど、オリオンじゃないのよ」

「変な叔父さんって？　実際に現れたの？」

「違う。エネルギーなのよ。一日中つきまとわれたのよ……」

「それなら、きっとサイババだよ。俺、サイババにお願いしていたんだ。もしサイババでなかったら、僕の守護霊だと思うよ……」

話は一気に弾んで、一日の重い想いが嘘のように晴れていくのが分かった。伝わったと思った。俺は、このままっすぐに君にぶつかっていけると思った。オリオンと共に言いつづけていた強い君が少しだけ、目を覚ましているように思えた。本当にシーソーゲームのような二人である。彼女とオリオンの出すハードルを超えるのに、俺はどのくらいの意識を掻きだしたのだろう。明日は素晴らしい講演ができる。そう思って久しぶりにゆったりして寝ることができた。とにもかくにも、彼女は動いていなかったのだ。

三月二十七日——講演会に見えられたお客様と、中華料理店で食事中、長岡式玄米酵素の話を聞いた。この前、彼女が言っていた玄米と同じもののようだ。これは、食に対しての新しい示しだと心に留めた。

そして、部屋に帰ってまず妻に電話をしてみれば、大変なことが起こったと騒いでいた。中年の二人の婦人から、私が不倫をしているとの電話が入ったという。一人はきつい言い方の人で、もう一人はご注進という感じだったという。そして、相手の名を『たま』の編集の人だと名指したという。参ったな。まだ始まったばかりだというのに……。家族のこと。社会的なこと。そして、エイトスターの社員やお客さまのことなどなど……。

でも私は平静だった。まっすぐに生きていく。隠れずに生きていくと動揺しなかった。妻にも、

「俺はまっすぐに行くよ」と言っていた。何も恐がることはない。隠れることはない。新しいことが起こると信じている。そこまで、どんなに誤解されていても突き抜けると決心していた。昨日彼女に対して決心したことの上に、さらにこんな決心をした日でもあった。

私は見てしまった。あの気持ちのよい世界を見てしまった。だから、もう何も恐れない。何も必要としない。この肉体を持ったままで、意識の世界が無になっていき、すべてのしがらみから解き放たれた状態を経験していた。あの中には何もない。情がない。家族やすべてとのかかわりもない。ただ、それらとすべてつながったままに、おだやかに、ゆったりと、気持ちよく輝く白い世界があった。愛で結ばれた世界があった。その実現に向かうだけだと思っていた。

5 別れ二つ

激しい感情の上下の中、妻の引っ越しが準備されていた。バブル崩壊の後遺症で、自ら築き上げてきたものを清算しなければならないことが起こったのは、半年前の十一月の初め。あの時代、少しでも事業をしていれば、銀行はいくらでもお金を出してくれた。裏付けの担保もあった。大きな金額を、平然と動かしていた。そして、崩壊。裏付けの土地も株も下がりっぱなし。まったく打つ手はなかった。会計士に清算をするように言われてすぐに相談したのが、私との相性が良い、町田に住む霊能者、からつみさんであった。

「三月までに家を売りなさい。奥さんとは別居をしなさい。エネルギーがまじり合いすぎて、新しい進歩がなくなっています。別居することによってお互いに、違った新しいエネルギーの刺激をし合うようになるでしょう」

三月の終わりになっても家はまだ売れなかったが、当初の予定どおり妻はマンションを見つけて、四月二日引っ越して行った。私は家が売れるまで留守居をすることになった。別居の話が出た時には新しい彼女とのことなどまったくなかったのだから、何という順序で事が起こっているのだろうか……。それまで別居さえも考えたことがなかった夫婦が二つに別れた。

一方、オリオンのエネルギーに支配されていた彼女に、突然サイババからのメッセージが入ったと言う。

「サイババさんって、いいことを言うね。なぜだかオリオンは出てこなくなったのよ」

「そりゃそうだよ。君に借りたオリオンの本の中にも、受信する人の意識の状態によって向こう側のエネルギーも変わっていくって書いてあった。オリオンも初めはコンタクトできなくて、ダンというエネルギーだったじゃない。今あなたが気がついて高い意識へとチャネルする気持ちになったから、もうオリオンの出番じゃないって、サイババにまかせたわけだよ」

「すごいことを言うんだよ。豪華客船を思ってごらん。君は今デッキにいずに、油だらけの機械室に入り込んでしまった。上には一等船室も、二等船室もあるけど、今は機械室にいる。デッキに出れば、七つの海が見えるし、そこを自由に航海できるのに、君は今暗い所に留まっている。田村さんも引っ張られて二等船室にいるんだよって。そして、最後には、導かれたことを信じきれるかということと、神の愛を本当に信じられるかどうかのターニング・ポイントにいるって。それこそが原点なんだって」

マイナス感情は、初めにどんな小さく表面的でも、少しずつ少しずつ奥に入っていく性格を持っている。すなわち、収縮していく男性的な探究のエネルギー。それに比べてプラスの感情は、初めどんなに表面的でも、中には入っていかない。怒りの感情や悲しみの感情のように、考えても考えても中には入らない。外に広がっていく放射のエネルギー。それは女性性のやさしさ。それはあたたかさ。その究極は、愛?!

豪華客船のデッキにいるならば、素晴らしいエネルギーのままに育てられる。面白い人である。彼女も、見えないエネルギーに翻弄されているようだった。最上階のデッキにいつづけたら最高であった。

しかし、こうして落ちついたかに見えた彼女は、しかし突然牙を剥き出しにしてくる。一日一日変わる。いや、一刻一刻に変わる。いや、一言一言で変わる。すごいことを言って納得したのかと思うと、そのすぐ後にまた求める。お腹の赤ちゃんのために、食べ物を届けられて大感謝したかと思うとまたもとに戻る。さすがの私の聖なる欲望も、少しずつ削ぎ落とされていく。二人とも混沌としていた。彼女はデッキに上がったり、機械室で油まみれになったり、それは激しかった。

押されて押されて、妻に確認した上で、二年の期限を約束をした。ホッとした中から、不思議な感覚がやってきた。心に涼しさが吹いていた。白け始めていた。頭の中は何か虚ろで空っぽだった。疲れだけが残っていた。何かが変わり始めている。もういい。これでいい。これで終わったら何もなかったと同じになる。楽になる。

サイババの言うとおり、我々は本当に愛し合っているのだろうか?

彼女は好きだと言った。愛までは昇華していなかった。妻と一緒になっての二十年間の私と同じだった。愛なんて分からない。恋なら分かると言っていた。彼女が今、そう言っていた時の私とまったく同じだった。

愛を知らない二人が巡り合い、本当の愛を実感し合っていた。彼女は泣いていた。幼児体験や今までの恋愛の結果が、彼女を本当の愛から遠ざけていた。そのカルマが、私とのあいだの今までのすべての感情となってぶつかってきていたのだ。信じきれなかったのだ。だから彼女は、自分の想いを天の意思に代えて求めつづけた。私はそれに翻弄されながらも、ひたすら向かって努力した。

日々がまるでシーソー・ゲームのようだった。決して同じデッキに上がれてはいなかった。

四月十二日——何気ない会話から、また彼女は、舌鋒鋭くカラカラという乾いた雰囲気で、新たなことを言った。

「でも、本当に必要なのは、私が安心できる状況なのよ。それがなければやっぱり進めない。もういいのよ。このままだと普通の結婚をあきらめるということなの。だから安心が欲しいの。当然でしょう？　友達も言っているけど、田村さんのは愛だと言っていても愛なんかじゃないって。本当に愛しているならば、私に安心させる状況を与えるべきだって……」

ずいぶんと強い条件が出てくるようになってしまった。あれからずいぶんと変わってきた。もう二年すらも待てない。今は安心の状況だという。それがなければもう進めないと。

大泣きをしていた。やっぱりそうなのだ。不安の中での非嫡出子は産みたくないのだ。堂々と子供を産みたい。できないからせめて同じ条件の中で過ごしたい。

そうだと分かって、少しずつ和らげていけばいいのに、俺たちの性分は真っ向勝負してしまう。その時に起こった意識を、その時にぶつけ解決していかなければ気が済まない。本当に厄介な二人の出会いである。

会話はかみ合わなかった。何日もつづいた。くたくたであった。会話さえ交わさなければ、相変わらずに居心地のよい二人だというのに……。自分ではどうすることもできなかった。お世話になっている二人の霊的な人に聞いてみようと思った。

王麗華先生は、

「本当に純粋なものであるならば、自然に何も起こらずに進むでしょう。しかしどちらかにでも欲するものがある場合には、それは自然ではなくなります。確かにたくさんの示しによってできた新しい生命ですが、それはあくまでも純粋なお心の中で進まれるものです」

確かにそうだ。純粋なままに子供はできた。しかし、その後は決して自然のままではない。そして、新しいエネルギーがはっきりしてからの我々のせめぎ合いは、決して一つになることはなかった。いくら私が全力で困難に立ち向かい、一つの方向を示していても、それは決して安心ではない、と言われればそのとおりであった。私の中に、一つの大きな決断の可能性が芽生えた。

からつみさんは言った。

「産むべきです。田村さんには必要な子供です。でも、天のシナリオが崩れましたから、少し我慢が必要です。同居は三年ダメです。奥さんに話したことで崩れました。なぜ、私に相談に来なかったのですか？　奥さんには言ってはならなかったのです。すべては秘密のままに行くべきだったのです。少なくとも別居をして数年間は……。そうしたら自然に二人は一緒になれたのです。結局は結婚をするでしょうけど、しばらくは一つ屋根の下で住んではなりません。いい子が生まれますよ……」

私は隠れもせずに、まっすぐに進むつもりだけれども、彼女の要求が段々激しくなって、私もさすがに産まない選択をも必要なのではないかと思ってきましたと言ったら、

「彼女のことは任せておいてください。私が良く話しますから」と言われたので、私は隣の部屋に引き下がった。

一時間二十分くらい掛かったのだろうか。彼女は泣いていた。

「人にどんなに言われても『私は天の導くままに生きています』と答えなさい」と言われた上に、「あなたは今までたくさんの苦労をしてきました。その時に、現実界の人から天の人になっていました。もし子供をあきらめたとしたら、あなたは天界にも現実界にも戻れなくなって、心も体もぼろぼろになりノイローゼになるでしょう。六月までは会社に勤めていなさい。そして、どんなに聞かれてもそう答えるように。田村さんの名前は、三年間は絶対に出さないように……」

帰りの車中で彼女は、「ごめんなさい」と謝り、「本当に苦しかったんだ」とも言った。

久しぶりに重しが取れたと思った。彼女も色々私に言ったことをすまないと思ってくれたらしいし、何よりもからつみさんに言われて、自分がこれからどうしなければならないかが分かったらし

い。本当に久しぶりに楽になった二人だった。もともと九十八パーセントは仲が良くて、必要な二人なのに、ひとたび子供のことになると必ず微妙な波動が、そして、激しい波動が我々を包んだけれどももうそれはなかった。抜けたと思った。

それにしても、本当に激しく鋭い突っ込みだった。参ったよと言ったら、小さい時からママには言われていたって。何でも完璧にしなければ気が済まなかった子だったたって。君もきっとダイヤモンドを磨くようになったら、エイトスターにまでたどり着いた魂なのだろうなぁと話していた。からつみさんも言っていた。

「とてもではありませんが、二人の人間を目の前にしているとは思えません。まったく一人の人間を見ているようです」と。確かに性格がよく似ていた。そういう意味では、魂の仲間（ソウルメイト）の中でもさらに近い〝ツイン・ソウル〟なのかもしれない。

四月十三日——穏やかなやさしい日差しの、しかしちょっと寒い日。魂の兄弟であり、私の大好きなヒーリング・ミュージシャンの宮下富美夫氏がやってきて、

「兄貴の後ろに女が見えるんだけど……」と言った。

今までの出会いから、共時性や今回のことのすべてを話した。

少し驚いたように、やっぱりと答えたが、彼はすべてを理解した。それは天でつなげられているとも言った。でも、奥さんに話したのは間違いだったと言う。からつみさんと同じことを言った。

「密教を知っているだろう？　空海がやったことは文字どおりこのことだったんだよ。絶対に人

に漏らしてはならない。秘密のままでいかなければならない。二人で今回は秘密の行をしているんだよ。もう一度秘密の関係にする。密教に戻ってほしい。そのためには方便で、すべてが終わったと知っている人に言ってほしい。そして、密教をつづけてほしい。大変なことなんだよ。天が託していることがあるんだよ。そして、奥さんのねたみ、そねみ、いかり、憎しみ、嫉妬を取り除いてやってほしい。でも、子供をつくっちゃ天の関係じゃないと思うけどね……」と忠告してくれた。

「ところで、誰なの？　髪の長い人かい？」と聞くから、

「知っている人だよ」って答えたら、

「え、あの人？」と、まるで禅問答のように彼は分かった。

「だって、出版記念の前に会った時、オーラがつながっていたもの。田村さんこの人となら楽だろうなぁって思ってたんだよ。この前のパーティーは彼女が霊的に仕切っていたよ。引っ込んで見事だった。三年前は奥さんが仕切っていたけど、今回は彼女だった。田村さん、楽だよ。彼女なら楽だよ」そして、

「なぜ俺に相談してくれなかったんだよ。俺はその専門だよ……」

なるほどね。とにかくまたまた分かる人が出てきた。地上界の人では理解できない世界だから密教なんだとも言っていた。でも、俺にはできない。隠し事はできないんだよと心で呟いていた。

遅くまで会社にいて帰ろうとした時、彼女から突然に電話があった。

「からつみさんの言ったことで、たった一つ納得ができないことがあるのよ。『子供を産め』っていうことなの……」

　夕べのいい雰囲気が少し壊れていた。またかと思った。もういい加減に落ちついてもいいのにとも思っていた。しかし、彼女は確信を込めて話し始めた。

「ずっと友達と話していたの。初めてこんなに長く話した。色々と言ってくれたけど、愛について語ってくれた。『眠れる森の美女』を例えにしてくれたんだけど、本当の愛を持った人が現れたら、眠れる森の美女は、深い眠りから必ず目が覚めるって。目が覚めないで色々と苦しいことが起こるのは、本当の人じゃないって。本当の愛の人じゃない。色々とあったけど田村さんは本当の人じゃないって。私もそう思うの。もうこれ以上はつづけられません」

　言葉もなかった。またこんな話になった。昨日の今日だというのに、やっぱり抜けきれていなかった。

「私が言っていることは、やっぱり自我じゃないって分かったの。やっぱりおかしい。苦しいのはおかしいのよ。元気になったら私から電話をしますから……。田村さんが悪いんじゃない。感謝している。ありがとう。今はもうこれ以上私から話すことないから……。さようなら」

〝さようなら〟は、二人のあいだで初めて発せられた言葉だった。止める言葉もなかった。ただ心の中に響きつづけていた。四月十三日、午後十時四十五分だった。

終わってしまったと本心で思った。しかし、自分の中の何かがこれでいいんだとも言っていた。

もうここまでやってきた。妊娠したと分かってからの一カ月と一日、それはたくさんの意識のせめぎ合いだった。あれほど素晴らしい関係だった二人が、新しいエネルギーによって次第に次第に意識の深みにはまっていく。子供は愛の波動の中で育てたいと自分では言いながら、毎日毎日がせめぎ合いとなった。機嫌が良くなったと思ったらまた戻った。それはいつも同じだった。いつも彼女が主導権を持っていた。彼女次第だった。そして最後はこうなった。

私は、心からの喜びと誠意を尽くして、「産んでくれ」と言ってダメになった。もし私が最初に、「産むな」と言ったら、逆に彼女は「自分の意思で産む」と言いつづけたかもしれない。「産むな」という反対の言葉は、収縮する右まわりの渦となって彼女の体に反対の決心として入っていったかもしれない。何としてもやり遂げてみせるという強い心となっていったのかもしれない。

それに引換え、喜び、尽くすエネルギーは、左周りの渦となって彼女の意識を封鎖することなく、一皮一皮剥けるように意識を放射させてしまったように思えた。それは尽きることがなかった。結婚の枠を外すために離婚を迫る。次に数年の猶予があった。それが、少しずつ時がせばまり、最後は安心を求め、すぐにでもすべてを人に話すという気持ちにまでエスカレートしていった。我々の関係が初めからどんなものか分かっていたのに、日を追って強くなった。自我であったが、それを自我だとは咎《とが》めずにすべてを聞き入れ、努力し、立ち向かってきた。こちらがオープンならばオープンなほど、彼女はまた強くなっていった。いや、自らの心の内に入り込んでいった。明るい前向きな魅力いっぱいの彼女はそこには居なかった。そしてついに今日を迎えた。人の心の機微を学んでいた。

十一時半前、女房に電話をする。

「すべては終わったよ」

「どういうこと？」

「だから、彼女のこと、色々あったけどすべては終わったっていうこと……」

「え？　そんなにアッサリ？」意外なことに、本当にびっくりしていた。

そして宮下氏に電話をする。

「そうか。それは本物じゃなかったんだよ。本当に必要で天がつないだならば絶対にもめない。今ある形を壊さない。裏に静かに居つづける。それができないっていうことは、まだ本物じゃなかったっていうことだよ。俺も帰りの中央高速で運転しながら神に通していた。だてに十二年も神道をやっていたわけじゃない。本当の高い神に通じる作法を身につけている。こんなに早くどっちにしても答えが出たのか。それは本物じゃない。でもね、必ず本物がくるよ。それはすごいから。今度は絶対に密教だよ。密教でなければ本当じゃない。

そうか。兄貴頑張れよ。いくらすごい偶然がつづいても、その答えはここで本物じゃないって天が見せたんだよ。兄貴はこれで二回神に守られた。カウアイと今回で……。空気中に新しい魂を出してしまったら大変なんだよ。今までもすぐれた霊的な人は、みんな子供は作らなかった。二つの魂を密教のままで、自由にこの現象界で舞って霊的に高め合う。そこに一つの魂が加わったら、すべては拘束され、自由がなくなり、この人間界の人になってしまう。だから、絶対に作らない。それこそが試しだった。兄貴はその試しに対して、自分から彼女に傷をつけた形ではない状態で終われた。最高だよ。そんなに守られていることってないよ。それでいいんだよ。そうして本当かどうかが見分けられる。良かった良かった。本当に良かったよ……。後は、周りに、〝み〟を作らないこと。作っちゃダメだよ」

「え?」と言う私に、

「周りに、妬み、嫉み、恨みをつくっちゃダメだよっていうこと……」

「分かった。ありがとう」

「後は祈ろう。彼女と子供のために祈ろう」

「そのつもりでいる。ありがとう」

彼女も言っていた。私は本物じゃないって。両方から本物じゃないっていう同じ言葉が出てきたことが、何か見えない世界の介入を感じさせていた。それぞれの側が、その相手側を本物じゃないと言っていた。

そして、あれほどに劇的な出会いでさえもが、学びだったのかと教えられていた。しかし、体の中が空っぽだった。特別の感情も感傷もくやしさも未練もなかった。ただあっけなく空っぽになりきっていた。

終わってしまった。私にとっては、人生で初めて出会った素晴らしい人だったが、アッサリと終わってしまった。こんなに愛を深めたのに終わってしまった。信じられないけれども、今結局は良かったんだとも思っていた。心は不思議と静かであった。

引っ越し二日目の今日、隣にあった妻のベッドも運ばれ、ガランとした大きな部屋に一人となった。静かだけれども何かが虚しかった。すべては私から離れていく。現象的にも空っぽで、これこそ本当の『マインド・カラッポ天孫』。

変な幕切れである。本当に身も心も、カラッポ天孫。どういうことだと言うのか……。

6 歓喜

四月十四日――まだ身が引き締まる気温だが、春の日差しの朝、神棚にお参りもしないで家を出た。彼女の決行は今日か明日だろう。心からの安全と健康を祈る。そして、想念を正常に戻すことを祈っている。そして、このことを知らせてしまった人に連絡をする。

「ご心配をおかけしましたが、すべては終わりました。ありがとうございました」と。これで良かったのだと思った。

十時四十五分、突然に動悸が激しくなり、今なのだと思って、神に祈りつづけた。無事でありますように……。光の中に戻れますように……と。

終わりの報告に対して、古い知人の言葉が温かかった。

「行ってやってよ。待っているから。絶対にそんなことないって。子供はどうするの？

彼女は一緒にいたいのよ。何としても行ってやって、もう一度話し合っておいでよ。彼女も必ず待っているから……。女ってそういうものなのよ。田村さんは、女性の気持ちを知らないのよ。だから行ってやってよ！」

会社の中で、ただ一人このことを知っていた女性の反応が、胸を打った。「田村さんはそれでいいんですか？　本当に終わったんですか？　なぜ解るのですか？　連絡をしたんですか？　そんなものじゃないですよ。連絡を取ってやってくださいよ」と言いながら泣きつづけていた。

とにかく終わった。これでいい。宮下さんが昨日来て言っていた。「もう一度密教にするんだよ」っていう言葉が、密教ではなく本当に終わってしまったことに何とも不思議な感慨を持っていた。昨日の今日。まさか宮下兄弟に昼に話したその晩に終わるなんて考えもしなかった。もう戻れない。でも、本当にこれで良かったのか、まだ完全にその理由をつかめなかった。

静かな、何かが胆《はら》に落ちた日々を送っていた。完全に私の中では終わっていた。見事なほどだった。それだけ昨日までの彼女の攻めに、もう疲れていたのだろう。辟易《へきえき》していたのだろう。そして、自分ではやるだけのことは精一杯やったという気持ちが強かったのだろう。もし寂しさがやってくるならば、もう少し時間がたってからだろうと思って仕事に没頭していた。

最後の電話から五日後の四月十八日――電話が鳴る。「田村です」と言ったまま言葉も出ない。彼女だった。まさか、どういうわけなんだ。どうしよう。ここで話をしてしまえば、また色々ともめる世界に戻ってしまう。しかもたくさんの人たちに、終わったと言った後なのである。

ぎこちなく、電話が来るとは思わなかったと言った。少しずつ、絶対に終わったと思ったことを並べて、自分でも終わった気持ちでいること。ずっと祈りつづけていたこと。健康でいてほしいことなどを話した。

彼女も、そうですかという感じで、もうダメなんだという気持ちの波動が伝わってきた。両方ともに素直さはなかった。あのもめ方の後だけに、意地があったのだろう。どちらかの次の一言で完全に壊れることが分かった。二度と修復はできないところまで行くだろう。それくらいに微妙な沈黙と雰囲気だった。

突然に、彼女は言った。

「行けなかったの……」

「じゃ、あのままなの?」

赤ちゃんはそのままだった。何かが動いた。

「病院に行けよ……」

「うん、何もする気にならなくて……」

「どこか知っている病院はないの?」

「ないけど、友だちがこの前、聖母病院で出産してとても良かったって言っていた」

「聖母? そこだよ。そこにしろっていう示しだよ。俺昨日、お客様から突然に誘われて聖母マリアのコンタクティーに会って来たんだよ。そっちの聖母と、こっちの聖母で重なっているから……。すぐにそこに行きなよ!」

感情レベルよりも先に心は動いた。とにかく病院に行かせるしかない。終わったと思い込んでいた心が、赤ちゃんと母体のことに一気に移っていた。

そして、またまた劇的な再会をしてしまった。自分の不甲斐なさを責めるよりも、何かさらに特別な意識が静かに動いた。新しい世界が始まっていた。彼女も二度と無茶を言うことはないだろう。言ったら本当に終わってしまうことを心底感じているようだった。頭が混乱しながらも、赤ちゃんの無事と再会を喜んだ。これからは、宮下氏が言っていたように密教にしよう。そして、二度と表にはしない。今度こそ、密教を貫こうと思った。妻の意外な反応も、もう二度と嫌だった。

我々にとっては、まさしく本当の始まりなのかもしれないと思った。彼女がようやくそこまできた。お互いの意識を掘り下げつづけて、今もうすべてを出しきったところまで来ていた。別れを完全に意識した。子供がダメになることを完全に双方で意識した。そしてその先に、本当の心が現れた。本当の心にタッチした。そういう感じであった。四日間の空っぽが嘘のようになっていた。

四月二十六日——病院へ行って、母子手帳をもらってくるとのこと。とにかく毎日母体がヨレヨレだというのが気になる。

「きっと生命力の強い子供なのよ。私の血液をみんな集めていくって感じだもの!」と言いながらも、やっぱりクタクタらしい。

午前十一時までの受付だということで、彼女は共時性があった聖母病院へ行った。すごい混み方で、三時間待ちだという。

その日、私は高円寺に用事があったので、待ち合わせは高円寺の駅。彼女は大久保の聖母病院から高円寺まで、タクシーで来ることになっていた。

駅前だった。彼女は私の車を見つけて走って来た。そんな無理をするなよって念じながら、静かに静かにと手で促した。車に乗る。息づかいが荒い。だから走るなって言っているじゃないかと言いたかったが、黙って車を南に走らせた。

「聖母病院に行った理由が分かったのよ。おっきな病院じゃなければいけなかったの!! Guess what ?」

「何だか当てろって?　そんなの分からないよ。何があったの?」

「ねぇ、驚かない?　〝ふ・た・ご〟だったの!」

「え?　!!!!!」

一瞬言葉が出なかった。

「田村さんのお陰なの。田村さんが頑張ってくれたから行けなかった。本当にありがとう。感謝しているの。ねぇ、うれしいでしょう。言ってたとおりになったの。本当に良かった。別れた後、病院に行かなくて良かった。それでね、やさしいお医者さんで、モニターを見ながら、『君、どんなふうに見える?』ってすごくやさしく聞くの。お腹の中の赤ちゃんが二つに分かれていて、何でなのかなって思っていたら、双子ですって。もう、ベッドの上で泣いちゃった。そしたら先生が、『お家に帰ったらパパは何て言うのかな』だって……」

「？？？？」

彼女は豹変していた。私は驚きすぎて言葉がない。ただ涙がにじんで流れていた。本当に双子だった。本当に神様がおられる。神様がこんな形で示してくださった。二人で泣いていた。また起こった。やっぱり起こった。一寸先はまったく分からない。しかし、またまた特別なことが起こった。よりによって、小学校の時から双子が欲しいと言っていた彼女に双子ができるなんて。しかも今まで分からないようになっていたなんて。本当に心の底から湧き上がる不思議なエネルギーでの感激があった。そしてふたたび、

「やったぁ!!」と、左の拳を突き上げて喜びを表していた。これで妊娠につづいて二度目である。変な関係である。一般的には、都合の悪い男のほうがやめてくれと言う。しかし、私はこれで二度、「やったぁ」と声を上げて喜んだ。いったいこのほとばしりは何だというのか……。

「よかったな。本当に、本当に良かったな。すごいなぁ。本当にすごいなぁ」

「すごいでしょう。本当になったんだよ。本当に言ってたとおりに双子だったんだよ。私双子が欲しかったの。看護婦さんだって私のこと、『双子ちゃん双子ちゃん』ってもう呼ぶんだよ。診察を待っている人が百人以上いたんだけど、もう知れ渡って、『双子だったんですってね』って言うの」

双子だったことが、すでに自慢の種になっていた。何ともいえない感慨に浸っていた。まさかだけど、本当に良かったと思った。天が望んでいるなら天の手によって下してください。どんなことがあっても人の手には委ねないでくださいと願いつづけたあの日。サイババにも願った。あ

の時は必死だった。彼女は本当に行こうとしていた。私を押して押して押しまくった。条件が満たされなければ、一歩も前に進めない。本当に色々と言ったものだ。

そして、今日までの二度の診察にもかかわらず、双子だとは分からなかった。下から器具も使わずに調べていたために、二つが一つに重なって分からなかった。もし、もっと早くに分かっていたら、彼女はもうとっくにあんな色々な条件をつきつけずに喜びの魂となっていただろう。良い波動が子供のために必要だと言いながら、乱れに乱れた。それは心が取り入れたマイナス想念だった。自我だった。俺にはどうしようもない、彼女の内なる意識の乱れだった。しかし、俺は必死にそれにたえた。応えた。そして、自然な形で産むほうに傾いて、今日があった。

試されていたのだ。学びなのだ。そして、苦しい時をくぐり抜けた先の診察が、近代的なソナーを使ってのお腹の上からのもので、二つがはっきりと確認できた。ここまでの意識になったから、神様がもう大丈夫と言って見せてくださったように思えた。そしてもう一つ、双子と分かって喜ぶ彼女に、たった一人だとしても初めから同じ気持ちで慈しむことをも気づかせていた。やはり自我でものを言いすぎていた。その先に、すべての赤ちゃんを大事にするという意識が現れるだろう。大きな学びとなった。意識一つでどうにでも一瞬にして変化できるのが人間なのである。であるならば、逆の意識を刺激する時にこそ、それが応用できなければならない。いや、もっと言うなら、すべてのことに偏見や条件やこだわりがあってはならない。そういう意識レベルまで昇っていくようにという二人へのメッセージのように思えた。神様ありがとうございます。

そして、彼女の家から帰る車の中で一人、神様の計らいを感じて思わず涙した。色々なもめ事の中で、少しずつ劇的な出会いが何となく普通の男と女の出会いに変わり始めているように思えていた。あれほどのことがあったのにと思いながらも、人間レベルのあまりのことに、ただの同じ男女の仲って感じもしていた。そんな時に、またまた神様が、ここにきて見せてくださった導きであり、特別な関係なのですよというもう一つの証明であった。

とにかく一度に二人。それだけで、どれだけの確率になるのだろうか。そこに特別な神の計らいがあるように思えた。本当に神様ありがとうございました。玲子、本当に良く留まってくれたね。心から感謝いたします。そして、母体の健康を、胎児への栄養を考えてください。

二十七日――一カ月前に出張先の福岡で聞いた長岡式酵素玄米。彼女も同じ頃、友人に聞いたという共時性から講習を受けて、ＥＡＶで測ってみれば、オール五十の完璧な食であった。体を健康に保ち、自然治癒力を最大にするエネルギー食だったのである。

二週間前から食べるようになったせいか、体が何となくだるい。初めに現れる好転反応なのだろうか。長いこと食べていた白米から、ミネラル豊富な玄米へ。腸内が変化し始めて、今まで体内に溜まった悪いものが出ているのだろう。

さっそく双子の本を買いに、飯田橋の出版社を訪ねる。夕方からは二人でむさぼるように読んだ。読み進めながら、昨日の浮かれようは一瞬に、

「こりゃ大変だ！」ということになった。霊的な人生はしばらくはお預けになるだろうと思えるほどに大変らしい。

「愛情をかける暇などない」と書いてあった。それくらい忙しいらしい。おむつに食事に寝る時間にとすべてに二人。色々と先輩が語っていた。

『どちらが上ですか？　大変ですね』と声をかけられるのが嫌になる」とも書いてあった。

心はすでに育児に飛んでいた。

二十八日――本当に彼女は良くなっている。びっくりするくらいに良くなった。一気に成長していた。この日、聖母マリアのコンタクティー、伊藤美佐子さんに玲子を会わせるため、千葉県の柏市に行く。別れた後のこと。脱け殻のような状態で、一人会いにいった時、伊藤さんは玲子について言っていた。

「よく知っています。お連れください。彼女もすぐ分かるはずです。この人は人間であって人間ではありません。スピリッツそのものです。まだまだ人間になって若い。一歳くらい。ですから人間界で色々未経験のことに出合って、パニックになっていますから慈しんで守ってください。また、このスピリッツはあなたの人生を変えるでしょう。田村さんを天に導いたことがあるばかりか、地の底までも落としたことがあります。そして、田村さんに気づきを与えています。ずっとそういう役目をしていたスピリッツで、大変に深い縁の方です」

直接会わせてみてびっくりした。彼女と伊藤さんとの関係は、驚くほどに近かったようだ。伊藤さんが、

「生まれた時から知っていたのよ」と初めにおっしゃっていた。そして相談に入ってからも、ずっと温かく見守るように聞き、語っていたとのこと。終わった後の雑談では、私はもう関係ないという感じながら、彼女にはいつでもいらっしゃいと、それはそれは温かい態度を変えなかった。本当にマリア様と彼女が関係していたと思えてうれしかった。

「マリア様が階段を、汗をかきかき天使を抱えて降りてきたのは、子供ではなくあなただったのです」とおっしゃったとのこと。天に帰りたがっていた彼女をこの地上に降ろした図だったのだという。彼女は確かに天に持っていかれていた。だからこそ、この地上ではあまり馴染めないことを要求しつづけていたというわけだ。

彼女は、私の本当の部分を目覚めさせる役目なのだという。そうなのかもしれない。まだまだその核心はつかめてはいなかったが……。

でも、本当の部分とは、いったい何なのだろう?

今静かに新しい人生が始まっているように思える。確かに子供ができるということは人間界そのものだし、子育てが始まってしまったら、それこそ自分一人の時間など作れないだろうが、きっとその中にも霊的な世界と現実的な世界の両立した世界が開けるように思っている。私はもう何もいらない。そういう人生を経験してみたい。たとえ子供が生まれたとしても、我々二人は、何もない質素な人生を積み重ねて、自分たちの人生がどうなるのかを楽しみながら、その中で育っていく子供がどうなっていくのかを合わせて楽しみにしたいと思う。

――玲子のひとりごと

双子、とても嬉しかった。私の小さい頃からの夢二つ。大人になったら、双子を産むこと。そして、食事の後片づけを全部してくれる人と一緒になること。一つ叶った! やった!!

――これを読んでの、私のひとりごと

あの時は、おどろおどろしいことを言ったらしいが、それは君の夢を叶えるために、私の口を通して何かが言わせていたこととも言えるね。結果的に、夢が叶って大喜びをしたんだから……。最後まで隠して、心の準備などの試験期間だったのかもしれないね……。

7

九の倍数の共時性

五月十四日——彼女は、人が変わったように穏やかになった。妊娠を楽しんでいる。ついでにこの時期に、友人とハワイに行くと言う。その前に病院に診察に行った。

お腹の二人は、下の子のお腹の部分に上の子のお尻がきて、頭を上にしての逆T字になった形の双子だと言う。もう手が見え、おしゃぶりをしていたとのこと。上の子が座高約十センチ、下の子が九センチくらい。足は測れないが、標準が十五センチというから、ちょうど良い形に育っているということらしい。双子で標準の大きさだとすると、これは大変だ。

上の子の顔は武骨そうに見え、角度の違いかもしれないけど、頬骨が出ているように見えたと言う。下の子は、まん丸なやさしい顔に見え、京女という感じだそうだ。それにしても顔の感じが随分と違うということを、彼女は初め冗談で言っていたがその後真面目に語るには、男女の双子だという。すなわち、二卵性双生児ということになるのだろうか。上が男で、下が女ということになる。顔だちからいっても、そんな感じがするんだよねと楽しんでいた。

午後、もらってきた母子手帳に色々と書き加えていて、どうしても予定日が合わないので計算してみてほしいと会社に連絡があった。妊娠前の最後の月経が始まった日から数えるのだという。

「二月一日なの！」

「えぇ、俺の誕生日からだったの？」

小さな偶然で何かを示されていた。そしてあの広島の日が、二月十七日だとしたら、真ん中の絶対絶命の要注意日だった。それでも、そんなわけはない。〝ナザレのガブリエル〟かもしれないと、男としての確信があったのだけれども……。

二月二日を第一日目として、ひと月ひと月と計算器で加えていった。この年はうるう年だから二月は二十九日ある。そして十月いっぱいまで加えた時、数字は二百七十三日となっていた。

「だから、医者が出した予定日は二百八十日になるように、あと七日プラスして十一月七日となる。医者は八日っていったんだよね。一日合わないなぁ……」

我々は、天の示す魔法の予定日を知っていた。

「まぁとにかく、それじゃ天の示している数霊《かずたま》の誕生日は、二百八十八日だから……、(288−273＝15) 十五日足らないんだから……、天の誕生予定日は……」と言ったところで、彼女が叫んだ。

「あぁっ!!」

私も同時に分かった。二人を驚きが包んだ。あれほどに何かに導かれた十一月十五日になるのである。二八八の意味が分かった我々だからこそ、その日（十一月十五日）が現れたことに意味があるのである。順序が完璧なのである。

魂の世界に目覚めると、音や言葉や形や色にまで魂が宿っていることを知る。中でも数霊は宇宙の最初の摂理として、空間に存在していた天の法則であることを知って、もっと数学をやっていれば良かったと思ったこともあった。その数霊で、天の示す安全な出産の限度が二百八十八日であることを知っていた。『マインド・キャラット天孫』で書いた、人間にまつわる数霊〈九〉のマジック。九から倍、倍にしていくと、人間の体の営みにすべてが当てはまるという何とも不思議な関係が浮かび上がってくるのである。


九……人間として正常な営みが行えるように、九つの穴が作られている。両眼、両耳、両鼻、口、下半身の二つ。

十八……一分間の呼吸の基準。

三十六……体温の基準。

七十二……一分間の鼓動の基準。

一四四……血圧の上限基準。

二八八……赤ちゃんの母体内での滞在日数、十月十日。


それぞれに、これらの数値を上回らなければ安全であるという。確かに実感できる基準であった。だから私は、七十五以上ある鼓動を七十以下に減らしたかった。塩の摂取量も関係していることを知って、ＥＡＶ五十の、体によいミネラルたっぷりの天日塩をたくさん摂り、すこぶる元気になった。しかし血圧も高くなったが、百四十四以下ならば大安心と思えてつづけた。そして、脈も七十前後に落ちていった。見事な天の尺度だと信じきれていた。

また、現代人は体温が高い、といわれる。最近の子供に、低体温児が増えている、と聞くが、本当は天の標準に戻っているように思えて仕方がない。数霊からすれば、三十六度以上の方が、異常なのである。

本題に戻そう。

玲子は二年前、十一月十五日の朝、轟音とともに現れた大きな円盤を見たという。それが最初で最後だという。相似形の円盤だったとのこと。その後、数人の霊能者に尋ねたら、

「お互いを鏡で見るような人に出会う」という意味だと言っていたとのこと。

そして、そんなことを忘れていたその一年後の十一月十五日に我々は一つになった。何かに導かれるように、罪の意識もなく、良心の呵責《かしゃく》もなく、そして神への冒涜《ぼうとく》や裏切りの意識もなく、その後起こるたくさんの偶然よりも先に、あまりの自然な溶け合い方で一つになった。

その後、これでもかこれでもかという偶然を見せられた。それはあたかも、一つになったことが正しいことなのですよ、という天の応えのようであった。その十一月十五日が、またここで出てきた。いったいどういう意味だというのか。円盤から一年目に二人がまず一つになり、二年目は何とまさかの妊娠の上、彼女が欲しくて仕方がなかった双子。その天の出産予定日が運命の日だとは……。

三六五分の一の確率で、何かを示されていると思った。

本当に、いったい我々には何が起こっているというのか。まだまだ分からない。ただこのままっすぐに、誠実に、純粋に、進んでいくだけ……。

とにもかくにも、不思議なことが起こりつづけてここまで来た。今君たち双子が一つの答えとなった。これも多分通過点なのだろうが、今思う。君たちはいったい我々に、何をもたらしてくるのか。いや、我々がこうなったから君たちをもたらした。そういう順序なのだが、本当に不思議な関係である。

ドクターには、双子のお母さんは病人なんだからと止められたハワイ行きも、体内の子供と対話した結果、子供から大丈夫という返事があったからと言って彼女は発った。チャネル体質は、こういう時に便利である。赤ちゃんの意識とよく話していた。

ゆっくり静養してくればいい。ずいぶん感情の上下が激しかったから……。私は一人で、瞑想でもしている。とにかく、確信に満ちた人生になったことをうれしく思う。彼女ももう決して迷わないだろう。喜んで今新しい命を宿し、育み、産もうとしていた。

8 秘密の部屋でまたまたの示し

六月に入って、少しずつお腹の出っ張りが気になるようになって、住まいを変えたいと言いだした。当然である。不動産屋を何件かまわって、「この地にこれくらいの家賃の」と指定して見つける。不動産は生き物で、求めるものは必ず出る。だから丹念に、何回も不動産屋を訪ねる。動けば必ず何かが起こる。

そして、六月の終わり。決まったのは、この時の我々の境遇に最も相応しい、2Kの小さなマンション。すぐ隣りは新宿御苑の緑があった。何よりも駐車場が中庭にあって、三方の道から見えなかった。秘密の隠れ家のような家だった。

「ねぇ、驚かないでよ……。この部屋に最初に来た人が東京電力の人で神園さんていうのよ。二人目がNTTの人で花園さん。すごいでしょう！　ここ神園、花園なんだよ……」

こともあろうに、滅多に会うことができない名前の人がつづけて、本人たちは知ることない使者となって、我々の選択を祝福しているようであった。

そう、ここは文句無しの、神園、花園なのだ。

七月——示しのように、日々まさしく神の心、花のような意識の中で、チャネリング体質の彼女は人の体の輪郭がはっきりしてきた胎児二人のエネルギーが、はっきりと伝わってくるようになっていた。下の子にはチェリー。上の子にはムーリンと名付けていた。

コンタクトに余計はずみがついたのは、育児文化研究所を主宰なさっている谷口祐司氏の著書『ママ、紙オムツヤメテ』や『胎教とその修正』などを読み、セミナーに彼女が参加してからであった。谷口氏は著書や講演の中で、胎教瞑想することによって、ほとんどのお母さんが赤ちゃんと何らかのコンタクトが取れるとおっしゃっていた。赤ちゃんが希望する名前や、誕生の日時や希望する状況、この世に生まれてくる意味や使命、両親との関係まで、まだ見ぬ胎児との会話さえできるようになれば、自由自在のようであった。人間を一つの物質だけのものと考えているあいだは、とても馴染めない考えである。

しかし、人は肉体と生命エネルギー——魂でできていることを理解するならば、たとえ胎児であってもエネルギーはすでに対等で、会話も自在にできることが自然なのだと考えられるようになる。たくさんの人たちが劇的な会話とそのとおりの出産になっていた。

我が家の二人は、チェリーよりもムーリンの方が難しい会話をしてくるようであった。

七月の初め——新宿御苑散歩の時にムーリンに怒られたと電話で報告してきた。

「まず最初に、子供ができるということは天の世界では大変な計画のもとに行われるので、人間界のレベルの考えでは分かりにくく、早くその大切さを理解してほしい。そして今回のことは、まずパパのもとに生まれることが二人とも決まっていた。そしてママをどうするかで、天では会議がもたれた。そして三人が決まって、その内のママが受けた。そしてママにはもう一人、明人という子供が三年以内に来る。ママがベタベタになる子になる。わたしは、みんなの中で冷静にいるんだけど、チェリーはパパにべったりで、パパもチェリーにはベタベタで、パパとチェリーのベタベタぶりにママはヤキモチをやくようになる。その代わりに男の子がやってくる」とのこと。

楽しくも、不思議な世界が始まっていた。これこそが、我々の出会いの意味なのだろうと思った。そして、私は天界のことを実践者として学んでいく。そのために起こっている。そうとしか思えない展開となった。

この頃からは特に、すべての血液を採られているようでとてもつらいと言いだした彼女を見ていて、できるだけ一緒にいてやろうと、まだ売れない家と小さな部屋を往復していた。双子を身ごもったお母さんは、胎児が四~五カ月に入る頃、脳性貧血を起こす人が多いらしい。二人に血液を供給するのだから、当然といえば当然である。

「しんどいけど、頑張るから……。二人には、絶対に三〇〇〇グラムまで育って生まれるのよって言い聞かせているのよ」

「そりゃ大きすぎるよ。お腹がもたないよ。大切なのは、できるだけ長く体内にいることだから、二〇〇〇グラムでも何も問題はない。だからせめて今から、二五〇〇グラムでいいと、至急お願いしなおしなよ……」

会話にしても生き方にしても、すべてが前向きで楽しい夢のような時であった。

一方、食という点では、あの妊娠騒動の中で二人の別々の友人が時を同じくして伝えてきた長岡式酵素玄米を、私につづいて彼女も食するようになっていた。出産まで、今から四カ月あるなら、まだ血液の浄化など間に合い、アレルギーのない子供が生まれるだろうと真剣になった。研いで、炊いて、蒸し終わるまで、儀式のように時間が決められた二時間半の玄米炊きは、当然に私の役目であった。

9 一瞬での張り緩め法

七月の終わりになって、お腹が急に大きくなってきていた。通常ならば、妊娠八カ月くらいの大きさである。双子の特徴とか……。大きなスイカを入れたように膨れてきていた。医者には、双子の場合には五カ月過ぎたら病人と同じと言われていたにもかかわらず、彼女はとても元気だった。そして、相変わらず胎児との対話を楽しんでいた。

胎生二十九週目になる八月の終わり――対話がスムーズに進む。ムーリンに、魂がいつ入るのかを確認してみた。

「僕たちは受胎した時に入ったんだよ。ずっと前から決めていたから。普通はそうなんだけど、出たり入ったりする子がいて、そのまま帰ってこない場合もある。そういう子の場合には、三～四カ月目に入るんだ。だけどチェリーは、一度出て行きたくなった。ママがおかしかった時に……」

「二人ともパパの子供になることは決めていたから、ママとは四年前にはっきりしたんだよ。僕はパパを見て、この人の子供になろうって強く思っていた。一番強く思うことが叶えられるんだよ。エジプトみたいな所。白くて長い服を着て、階段を降りてくるのを見た時、そう思ったの。パパは天と地をつなぐ祭典の主宰者みたいな人をしていて、たくさんの人が座っていて、その中の一人にムーリンがいて、その後ムーリンはお弟子さんになったの。その時の記憶が強くて、今回子供として来たの」

「パパとムーリンとの魂の関係は、常に協力して何かを作り上げていく。すごく強い親友の関係だった」

「ママには三人の候補がいたんだけど、ママが一番健康だった。子宮が完全だったからだよ。それに、悩み方も一番少ない人だったから、ママに決められたんだよ。他の人はもしそうなってしまったら、ものすごく悩んでしまったから。ママならやれるって上で決まったの……」

そんな天との関係が、絶えず継続しているのであろうか。とにかく、彼女の中ではこうした会話が当然のようにつづけられていた。

育児文化研究所の谷口先生の導きに、現在の病院出産が、生まれてくる子供からすればいかに異常であるか理解した玲子は、何とか自宅での自然分娩をしたがるようになっていた。それに対してもこんなふうに言ってきた。

「自宅分娩する場合は、お産婆さんとパパともう一人必要だよ。女の人。ママを助けられる人。マリアさんなんかどうなの?」

この話を聖母のコンタクティー、伊藤美佐子さんに伝えたら、「いつの話？　実は私は二日前の土曜日に、私が立ち会うことになるっていうビジョンを見ていたのよ」とおっしゃって快く引き受けてくださった。

一方、元気な割には、もう自分では何もできなくなってきたとも言っていた。包丁も使えない。食事も作れないって。やっぱり、瞑想や意識だけではどうにもならない状態が始まったようである。ただでさえ血液が足らないのに、足に下がった血液を何とか心臓に送るためにオイル・マッサージをさかんにするようになった時期。

八月二十七日——台風十一号、房総沖を直撃。ゆっくりと海岸線にそって北上。都内は久しぶりの水浸し。電車は壊滅。こんな日に診察に行くように言った。毎回三時間待ちという聖母病院。今日ならばきっと少ないと思ったので行かせた。

五週間ぶりで怒られたとか。双子にもかかわらず、こまめに来院しないとは決していい患者じゃないらしいが、現代医学の外で色々と目覚めてしまっているので仕方がありません。

自然分娩やへその緒を切るのを誕生一時間四十分後にしてほしいというお伺いに対して、ドクターは、子宮破裂という切り札（？）で、自然分娩を否定して、帝王切開を勧めたとのこと。二十五年の先生の経験の中で、二例亡くなった方があるとか。それを聞いて、仕方ないかという感じで帰ってきた。

そんな現実の世界の出来事に対しても、瞑想をするとすぐに胎児からの反応があった。

「帝王切開というのは、ママが思っているほど悪いことではない。生命を育むという観点から考えた時に、医学の発展は目ざましいものがある。ところが、自然の生命のバイオリズムから考えた時に、最もいけないのは医者の都合による土・日や年末年始に生まれる子供が少なくなっていること。これは、生命の全体のバランスを崩す要因の一つになっている。でも、お医者さんのやっていることは、生命を育もうとするお手伝いと、自然のバランスを崩すことで、プラス・マイナス・ゼロなんだよ……」

それにしても、上に位置するムーリンがよく動くようになったらしい。

九月一日――この頃から、お腹がパンパンに張るようになってきていた。それは不思議なほどに、皮膚一枚の中は硬い石が入っているようにカチカチになる。階段を上がったり、重いものを持ったりした時に特にそうなるという。そういう時、医者は薬で緩めるのだという。でもその薬を飲むと、胎児が睡眠状態になってしまうので飲みたくないと玲子は言う。聞いていて、一瞬に閃いたことがあった。

「ちょっと、上を向いて寝てみて……」

「どうして?」

「今すぐに分かるから……」

上向きに寝た彼女の足を、それぞれ私の脇の下に抱えて、ゆっくりと立ち上がった。最後は、

彼女は肩と後頭部だけ床につけ、足を高く上げた恰好になった。ほんの十秒あまりだが、降ろしたお腹はゴム毬のように柔らかくなっていた。

「どうして?」と聞く彼女に、

「だって、地球の引力によって子供が下に下がりすぎて硬くなるのだから、逆にしたら戻るに決まっているじゃない」

「でも、赤ちゃん大丈夫?」

「大丈夫さ。もともと羊水の中で、自由自在に浮いているのだから……」

この方法は、以後、日に数回するようになり、その結果がとんでもないところまで、胎児を体内にとどめることになったと思っている。

体の中に食として、長岡式酵素玄米が入り、外からは、赤ちゃんの状態を無理ないように微調整する。エネルギー的には、ＥＡＶ五十のダイヤモンドが絶えず健康に守っている。万全の体制を感じながら過ごした日々であった。

10

双子八カ月のお腹と生活

自宅分娩に強く引かれている彼女は、谷口先生の推薦するお産婆さんのリストやら、タコ糸を含んだ一式を買いそろえ始めた。「タコ糸をどうするの?」と聞いたら、「へその緒を縛るんだよ」って。あまりに大きなお腹を見て、タコ糸とはずいぶん不釣り合いなものだなぁと思いながらも、「自宅分娩か病院かは、ぎりぎりまで〈示し〉を待ってほしい。何かこれだという示しがあったら、躊躇《ちゅうちょ》せずに病院に行ってほしい……」という私の願いに、素直に分かったと答えても、目の前では産婆さんに電話したり、友人との会話も自宅分娩に傾いていた。

胎生三十二週――絶対安静の週が始まり、あと六週頑張れば臨月となるとのこと。細い体に本当に大きなお腹である。

九月の中頃からは、足の付け根の痛みがひどくなり、歪んだ顔でソファーに寝ていたり、歩くにも、フーフーしながら、「苦しい!」と言い始めた。

生まれて初めて、女性の大変さを受け入れている。彼女を見て、女性の役目と大変さを意識の中で、深い同情と愛情で見つめている私がいる。こんな想いは、初めてである。強い男として生きていた私も、ずいぶんと変わったものだ。

寝ていても、苦しくなって起きてしまうらしい。本当にびっくりするほどに大きい。あまりの大きさに、すでに這えなくもなっていた。

そんな状態を救ったのがまたしても、ムーリンからのメッセージであった。

パパの体の一部に、額をつけて寝るようにと。そうすることによって、苦しいエネルギーが抜け、新しい天からの光のエネルギーが入るのだという。確かにそうすることで、喘いでいた彼女は、嘘のように寝るようになった。

この頃進んでいたエイトスター・ダイヤモンドのエネルギーの研究は、まさしく人の気を完全な癒しの体にすることが分かってきていた。ＥＡＶ五十は、前作『マインド・キャラット天孫』では、〝強いプラスのエネルギー〟と書いたが、そうではなく、もっともっと意味のある〝中庸〟の癒しのエネルギーだったのである。中庸は万能のエネルギーでもあった。自然治癒力を最大限に高めるエネルギーでもあった。この頃、こうしたエネルギーの物質は、酵素玄米につづいて、プリスティン・ウォーターという万能の記憶水が見つかっていた。毎週土曜日に行っていた公開の研究会の結果、体によいものが、あまりにも少ないことが分かってもきていた。その研究の中心に、いつもダイヤモンドがあった。ダイヤモンドがなければ、研究はつづかなかっただろう。

会社では、エネルギーの研究。一方、家庭ではこうしてダイヤモンドが持つエネルギーを、実体験で試されているように思った。きっと、エネルギーの持つ不思議な相性を解かされているのだろう。

一カ月ぶりの検診の結果、少し子宮口が開いているらしい。双子の場合には、三指から五指になるのはすぐだから、場合によっては入院することになる。膣がマシュマロのように柔らかいから、陣痛もなくスポンと生まれてきてしまうかもしれない。とにかく今までよりももっと絶対安静ですから……とのこと。

本当に双子の出産真近というのは大変なことであった。何回も何回も、彼女の頑張りに感謝を捧げていた。男は何もできない。


九月三十日――彼女は本当に明るい。もう、お腹の中の二人も誕生の準備に入ったらしく、ずいぶんと下に降りてきているようだった。

病院には滅多に行かなかったが、すでに一般的には帝王切開で出産させる段階を越えていたらしい。担当のドクターが、聖母病院一のやさしい医師で、患者の言うことを最も尊重する人だったから、まだ強制入院もさせられていなかった。あの共時性で導かれた日、その日の担当がその先生だった。その先生だったお陰で、まだ入院をしていない。

「もう、一ミリの厚さもないところがあって、心配で酒も飲めないんだよ……」とおっしゃっていたらしい。それに対して、彼女は信念を持って、

「大丈夫ですから、できるだけ自然に任せてください」と言いつづけたという。ゴム毬のようにやわらかくなるお腹を日々経験して、我々は自信を持っていた。しかし看護婦さんが、やさしい

先生を代弁して怒っていたらしい。

もうぎりぎりのところに来ていた。最後の詰めを油断しないようにしよう。本当に何人かの人たちにしか知られることなく、秘儀のままでここまできた。けなげに頑張る彼女を心から応援していた。

11

劇的な示し――新聞から

もういつ生まれてもおかしくない胎生三十五週の十月初旬のこと。相変わらずに、立つのも大変な日々。こんな状態の中で、頻繁には病院にも行かず、自宅分娩希望のままの日々が過ぎていた。

十月十二日――彼女が、「まだ次の本は出ていないのですか?」と電話をしてきてから、ちょうど一年目の日。あれから始まった新しい人生。鈍痛が始まっていた。

ムーリンとチェリーは用意はできていて、いつでもいいと言っているとか。そういえば、夕べ君の膣に指の第一関節分入ったところに固い頭がありました。胎児が下がっているということ。本当にこの数日になるという可能性もあるが、だとすると、いったい我々の振り子での占いはどうなるのだろう。

誕生日を占ってみたら、彼女の結果は三十ないし三十一日。私の結果は十一月一日。まだまだ先である。二人の振り子占いの結果が違ったとしたら、振り子というのは安定さや確実さはないという証拠になる。それを我々は教えられることになる。振り子はあくまで遊びですってね。こんな重要なことも、医者に頼むことなく振り子などで楽しんでいた。

夜になって、子宮が呼吸をし始めたと言いだした。とにかく大きい。病院でも、それはびっくりする大きさになっていた。

そして初めて、

「やっぱり私、先生の言うことを聞こうかなぁ」と、ちょっと弱気になった日でもあった。自宅分娩と病院のあいだで揺れ動き始めていた。まだ示しはなかった。子宮破裂が一番怖いと先生に言われていたことが、何となく現実味を帯びてきたのだろう。


十三日――朝起きたら、相変わらずの子宮呼吸があるとか。やっぱりこのまま進んで陣痛になるのだろうか……。それにしても君は明るい。

「いやぁ、疲れた。カタールに行って、顔に化粧して応援して、『次にどこに行くの？』って言われたから、『今度は迎賓館』って。迎賓館で、『北方領土を返せ！』ってやってきた。疲れちゃったよ！」

本当に明るい。こういうノリが当たり前の君が必要だから、天は私と出会わせたんだろう。そして今私は、平然とそれを受け入れている。きっといい子が生まれ育つだろう。

カタールでサッカーの応援とは、ワールドカップの最終予選に出ている日本チームの応援に、夢の中で行ってきたようだ。飛んでいる。迎賓館にはエリツィン大統領が来ていた。

十四日（木）雨。朝起きてきて、また不思議なことを言いだした。彼女は確かにお空ちゃん。天といつも一体であった。

「これは、夢と違って意識がはっきりしていたって感じだったんだけど、像の鼻のような光の集合体が眉間からいきなり入って来て子宮に到達した後、子宮の状態をチェックしていたのよ。『ハイ、ここはオーケー。ハイ、ここはオーケー』って全部チェックしてくれるの。そして、大丈夫って言ってね、ソファーのところに集合体がいてくれたのよ。その後、体がグニャグニャになってパタンと寝たんだけど、朝起きてもつづいていて、体の中のどこにも滞りがないの状態、無重力を味わっているような感じだった。すごく気持ちが良かったのよ……」

色々なエネルギーが我々をいつも守っているとは聞いているけど、本当にいるようである。感じる人には感じられるようだが、凡人の私には分からない。

そして、またやっぱり家で出産したいと言い出した。こっちの言い分を黙って聞いてくださった、聖母病院の柳田先生にはすまないと思うけど……。

それにしても、あの逆立ち法は効くね。子宮破裂だって張れが原因だろう。それが戻りにくいからそのまま破裂につながってしまう。それを、逆立ちで一瞬に柔らかくしているのだから、破裂にはならない。意識の世界の導きと、足逆さづり張り緩め法と、胎児との交流で、とにもかくにもここまで来た。

ムーリンからの通信で、子宮呼吸が始まったら一週間以内だよということで、それなら二十日にして君の誕生日と一緒にしてもらったらって、頼んだんだけど実は、もっといたいとムーリンは言う。チェリーはすぐにでもパパに会いたいんだけど、もう少しゆっくりした方がいいと言う。そして伊藤美佐子ママも、とにかく十九日に来る。生まれる雰囲気があるならば泊まりますと。ありがたいことであった。

十五日――今日こそが我々の再会の日、一年前である。この日の劇的さが今につながり、そしてこれからにつながっている。早い。この一年、本当に色々なことがあった。その集大成が双子。しかし、まだまだ何かがつづいていく。そんな感じが強くしていた。

十七日――彼女は、聖母病院の双子の会に十一時から出席した。三十七週にもなってまだ元気にしているから、すでに出産した人たちも、今入院している人たちも、びっくりしていたと言う。ひどい人は妊娠二十二週から入院して、今三十八週だとかいう人もいたようだ。しかも、ほとんどが帝王切開を勧められると言う。

誰もが、「どうして元気なの?」と聞いたそうだが、天の意思そのままに子供との対話や足の逆さづりなど、色々と実験していることなど話すことができなかったそうだ。それにしても、やっぱり特別なのだ。ここまでの妊婦は稀なのだ。確かに我々はまっすぐに、自らの信じたことを信じ切ってここまで来ていた。

十九日——胎生三十七週目に入った。午後八時すぎに、彼女のお母さんとの初めての夕食となった。夕食後、私は長岡式玄米を炊き、蒸らし始めていた。十時をすぎていた。お母さんが背中を向けて台所で洗い物を始めていた。私は夕刊を一頁目から目を通し始めた。サッカーのワールド・カップでイラン戦に負けたことが、あらためて目に飛び込んだ。惜しかった。最後の十五分くらい、気がゆるまなければいけたのになぁと思いながら、三面に進んだ。中央右側の記事が飛び込んできた。

ヒマラヤで一人不明
未踏峰のトゥインズ

瞬間、「来た。示しだ！」と思った。

ツインズで我々に関係し、未踏峰で初めてのこととしても関係し、結果一人が行方不明だという。三人の内、一人が不明に……と瞬間読めた。

病院にするか自宅でお産婆さんにするかと、まだ決めかね自然の流れに任せていた我々に、ついに天は示してくださったと思った。これを待っていたのだ。

そのまま無言で彼女に新聞を渡す。そして、

「入院してくれないか！」と言った。

黙って読んでいた彼女が言った。

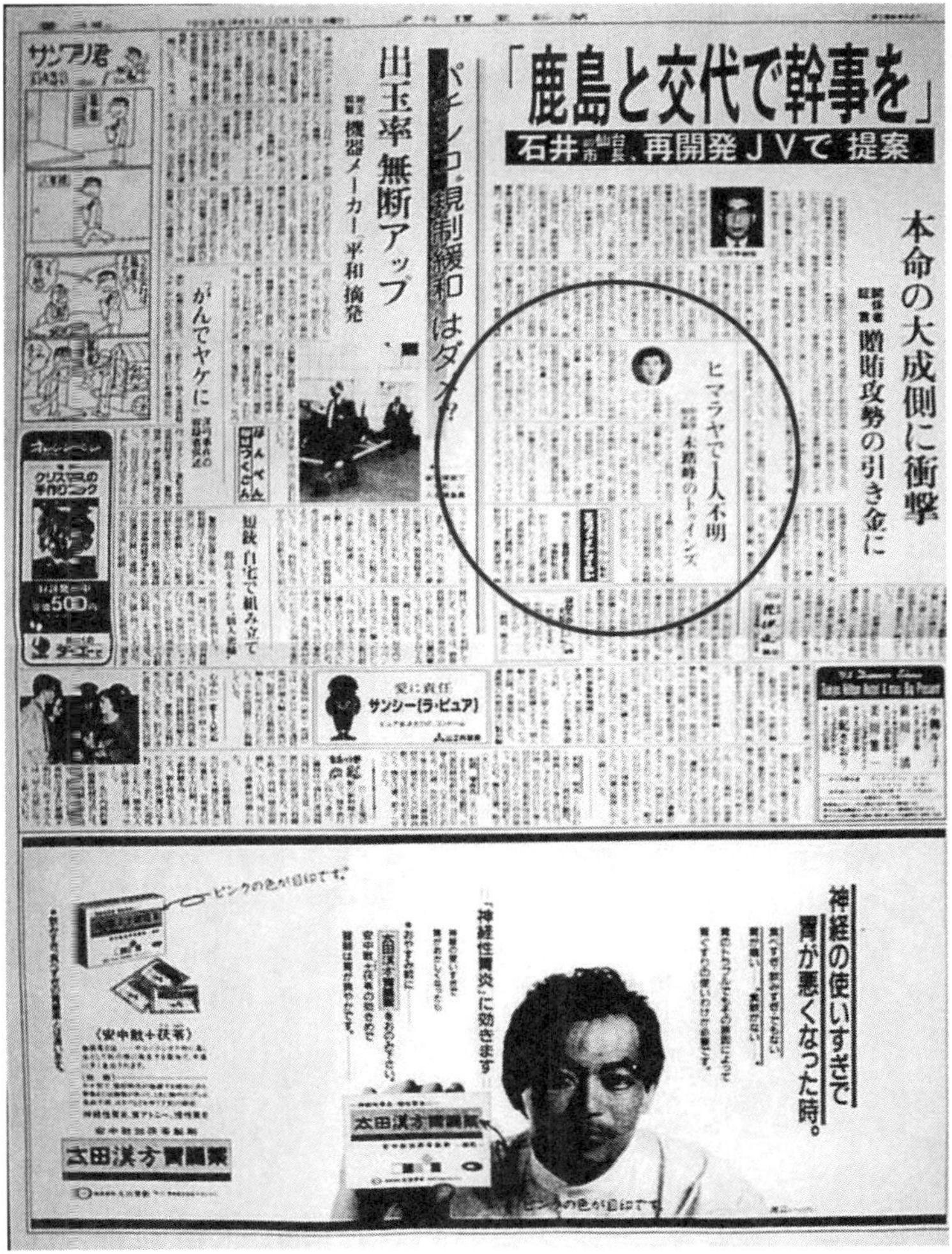

「鹿島と交代で幹事を」
石井仙台市長、再開発JVで提案
本命の大成側に衝撃
贈賄攻勢の引き金に
パチンコ規制緩和はダメ?
出玉率無断アップ
機器メーカー「平和」摘発
がんでヤケに
ヒマラヤで一人不明
短銃 自宅で組み立て
愛に責任
サンシー〔ラ・ピュア〕
神経の使いすぎで胃が悪くなった時。
「神経性胃炎」に効きます
ピンクの色が目印です。
〈安中散+茯苓〉
太田漢方胃腸薬

「分かった。必ず示しがあると思っていたから……」

ふたたび新聞を手にした。もしかしたら名前か何かでさらにヒントがあるかもしれないと、記事を読んだ。そして愕然とする。不明の人の名前が、彼女の名字と同じだったのである。これだけたくさんの名字がある中で、こともあろうに彼女と同じ名字の人が遭難していた。ますますの確信となった。さらにご丁寧にも年齢が三十歳。この日、彼女にとっては三十歳最後の日であった。明日誕生日である。うなるしかなかった。そして、不明になるのは母体の彼女なのだと瞬間思えて、背筋を悪寒が走った。ありがとうございます、神様……。

いつ破裂してもおかしくない大きなお腹をして、ここまで家で過ごしてきた。今、二人とも一瞬に、病院に行くことで合意できた。一切の迷いもなかった。

蛇足ながらも、その人の名前で我々はもう一つ感じることがあった。不倫などと一度も思ったことはなかったが、なぜか正しい倫理と示されていた。この世的には確かに我々のしたことは〝倫理に非ず〟なのだが、なぜか天は、正倫で示していた。この世とあの世の何かが違うのだろうか、理由はこの時分からなかったが、その人の名は正倫さん。ご冥福を心からお祈りするとともに、お蔭様で我々は正しい道を見つけられましたと、天に帰られた見知らぬ彼に、魂から感謝していた。

後ろ向きで洗い物をしていたお母さんが、終わってテーブルについた。

「病院に入ることになりました」

それに対して、何とお母さんが言ったことがまたまた示しどおりの言葉でした。

「二人無事だとは限らないものね！」

記事を見ていないお母さんの、まさかの言葉だった。たくさんの示し、見事に受け取りました。ありがとうございます。

「明日は、検診の時間には行きません。看護婦さんに電話をして、入院の打合せをして直接午後に入院します」と彼女。

何の迷いもなく、あまりのなりきり方に、私のほうがあっけに取られていた。それは、彼女の誕生日。何も迷うことなく、やはり双方の示しで通い始めた聖母病院に入院し、あのやさしい柳田先生に示しで取り上げていただくことになる。

二十日——おめでとう玲子。三十歳の誕生日。そして、入院。素晴らしい日。この日、私は息子の保護者会のために、一年前と同じようにアメリカに発つ。病院に入ったならば、もう何も心配はない。安心すると同時に、心踊らせて機上の人となった。

12 誕生

十一月一日（月）胎生四十週の一日目。満月の後の晴天の日。それは、のどかな電話から、実に長い長い一日が始まった。朝七時半のこと。

「変わらないの。夜中三時から四時まで例の子宮がフワッとするのが来たんだけど、それっきり。ベランダに出て満月を写真に撮っていたんだよ」

先生との約束で、自然に陣痛が起こるまで待つというのは、今日までだった。しかし、陣痛は始まらなかった。帝王切開の可能性が高くなる。後は、先生が診察して最終の決断をするという診断を待つばかりだった。やっぱり私の振り子も当たらなかったか。

会社が休みだったので、気楽に寝床にいた九時十五分すぎ、意外に明るい声の、しかし一瞬にして気の引き締まる電話がきた。

「診察に行ったら、いきなり破水させられたのよ。十二時間以内に生まれるって……」

「診察をして最後の方法を決めるって言っていたじゃない」

「それが、もういきなりなの。とにかく十二時間以内だって……」

いよいよなのだ。しかし、だからといって慌てることもない。会社に行って、ビデオなどを用意して、十二時すぎに病院に向かった私の心はさすがに焦り始めていた。あれからもう三時間、もしかしたら出産しているのではないだろうか。彼女が求めていた分娩室への私の同室もなく、彼女は痛み、苦しんでいるのではないだろうかと……。

着いてみれば、何ともあっけらかんと黄色いガウンに包まれた彼女が分娩室から歩いて出て来た。歩き方はさすがに大儀そうだったが、意外にあっさり、まだまだだという。

それにしても本当に大きい。それが今日、とにかく今日中に出産する。出産まで子宮破裂の緊張に立ち向かわなければならないという医者の言葉だけれども、それにしても緊張感はまだない。

午後一時前に、心音の検査をすると言って分娩室に入ったので、私も一時半過ぎに、分娩室隣の待機室に入る。そこには、機械から二人の子供の、それは早い心音が聞こえていた。

百四十台のムーリンと、百六〜七十まで上がるチェリーの心音の速さに驚いた。

「これでいいんですか？」

「正常です。どの子供もこのくらいです。生まれた後も、百二十くらいなんですよ」

収縮は、まだまだ起こっていない。

二時二十分すぎには、聖母マリアをチャネルしていた伊藤美佐子さんがやってきて、待機室に入る。まだまだ、七分おきに収縮がやさしくやってくるだけであった。助産婦さんも伊藤さんもまだまだだね。早くて五時すぎ。七時くらいかなぁと言っていた。

七時四十分、さすがに出産が近くなっているらしい。伊藤さんが後ろから腰を持ち上げるようにして支え、彼女はやってくる陣痛に堪えていた。

「伊藤さんがいなかったら大変だった。本当に助かった」と、息も絶え絶えに言う彼女。さすがにもうすぐなことが分かった。本当にありがとうございます、伊藤さん。

この時、陣痛間隔はまだ三分くらいになっていたのが、その後三十分くらいのあいだに、どんどんと縮まり、分娩室に入ったのが八時半近かったのだろうか。


朝からずいぶんと待たされた。入室を許されていたけど、伊藤さんと二人で外で待った。時々痛みに唸る声が聞こえてくる。頑張れ、と祈るのみ。

そして呼ばれたのは、もうすぐという段階であった。入る前に、「血は大丈夫ですか」と若い助産婦さん。「大丈夫です」と言って入ってみたら、すでにそこには血があった。どうしてだか分からない。ただ近づき、額に左手を当て、右手の8ミリビデオはそのまま回し始めた。時々、「痛い」とか言っていた。ドクターはやっぱり鋏を持っていた。そして、チョキリ!

会陰切開を拒んでいたにもかかわらず、やっぱりいきなり切られている。しかし、声も出ない。何もできない。ただなすがままがそこにあった。そして、突然に現れる黒い頭。会陰切開のせいか、自然分娩のビデオで見ていた出産に比べると、スッと一子目が生まれた。九時十五分。チェリーだった。観察する時間もなく、すぐにどこかに連れていかれてしまった。と思いきや二人目のために、若い助産婦さんが性器の中に手を入れているみたいである。どのくらい切ったのだろう。大きなアナ(?)になってしまっているのだろうか。覗ける位置にはなかったが、流石に覗く気持ちにもならない。

そして、「頭がありました」とか、次には先生が同じように手を入れて確認している。それは凄惨な光景である。あの、優雅に自然の摂理に調和して生まれてくる自宅での自然分娩の映像と違って、それはまさしく西洋的。野獣的。攻撃的なのである。

それは確かに危なかったのかもしれない。子宮破裂の危険はあったが、それにしてもここまで来ているのだから、もう少しゆっくりとしてもいいだろうに……。

ベテランの助産婦さんが、お腹の上の部分にのしかかるように体重をかける。「シスター痛い」という彼女の悲鳴。そして、先生の真剣な動作。まるで修羅場である。血があちこちに出ている。本当にこんなに血が出るものなのだろうか。育児文化スクールのビデオで見たものとはまるで違いすぎる。信頼している先生とはいえ、「これはないよなぁ」なんて思いながらも、ビデオを回しつづけた。

シスターが突然、「心音が下がっています」と叫ぶ。これにはドキッとした。ここまで来て、まさかっていうことがあるのだろうかと。

それに促されたように先生はまた作業を早める。そして、アッという間に第二子目が誕生した。八分遅れであった。

大きい。それはやっぱり大きな穴からスポッと引っ張りだされた感じだった。顔が第一子と似ていた。感激する暇もない。血は、さらにあちらこちらについて、何かどでかい手術をしているみたいである。およそ厳粛な人間の誕生という感じはさらにない。シスターがお腹に自分の重さをかける。「止めて」と痛がる彼女。

「次は胎盤だからね。もう少し頑張るんだよ」とは先生。そして、大きな立派な胎盤が子供が出てくるように出てくる。金属製の深い皿に入れると、何となく肉の塊という感じだった。興味があった。胎盤がきれいなはずであった。育児文化スクールで勧めている、薬石——麦飯石を飲んでいた。その結果はすでに多くのデータで証明されていた。確かにきれいだった。色は、紫の濃いもの。二つくっついていた。それはまるで肝臓かと思わせるものであった。そういえば生まれた二人とも、体の周りに脂肪がついていない。きれいな状態であった。これこそが薬石の効果なのだろう。それにしても、第二子も女の子であった。男だと思っていたのに……。いずれにしても、元気で何よりであった。

修羅場はまだつづく。血だらけのそこには、まだ会陰切開の縫い合わせが残っていた。意外に時間がかかる。針の数は二十くらいだろうか。上下を大きく切ってしまったのだろうか。だとしたら、本当にひどいことをするものである。医者が取り出しやすくするために、一生をかけた会陰の形がぼろぼろになる。セックスがダメになってしまった人の話もビデオで見ていた。本当にそうなるのかもと思った。これこそが谷口先生のおっしゃっている現実なのである。こんなことが必要なはずはない。

だって、何千何万年も、人間は自然に分娩してきたのだから……。

たまらないものが残ってしまった。感激よりもそっちの方が気になった。だだっぴろくすれば、それは物が出やすい。しかしだよ、しかしここまで来ているのに切ることはなかろう。怒りにも似た感情が湧いてきた。そして、私は谷口先生が言っていることを心底から理解していった。谷口先生、俺も会陰切開反対だよ。これはひどいよ。めちゃめちゃだよ。

そして第二子が体重計に乗せられる。二千九百九十九グラムと言いながら、もう一度測りなおして、三千ちょうどだねと、シスター。重かったのである。よくも大きく育ったものだ。だとしたら、チェリーの方はどうだったのだろう。新生児室に連れていかれたために分からない。

そして、すぐに連れられてきたムーリンを、彼女は左手で抱いた。手術は終わっていた。ムーリンは、腕の中で盛んに周囲を見回すようにしていた。どうしたんだろうという感じである。突然に出てきてまだつかめていないという感じなのだろうか。それはそうだ。後で分かったことだったが、十二時間前に破水させたのは、チェリーの分だけで、何とムーリンは何も知らずに、出産の用意もまだせずにずっといたことになる。そして、チェリーが生まれた後に、いきなり破水をさせられ、十二時間もかけてそれなりに用意したチェリーとは違って、その後すぐに取り出されている。八分後である。それはきっと胎児の状態からすれば、何が起こっているのかまだ見当もつかない。きっと帝王切開とまったく同じ状態でムーリンは生まれたのだろう。だからこそ、何となく首を左右に振るように、何かを感じようとしていたのだろうか。

そして気がついてみれば、そこに涙はなかった。そんな暇はなかった。感動とはやっぱりほど遠い現実があった。テンポが早い。鋏や血やすべての流れが緊張を高めた。感動に向かうゆったりとした時間や人々の交流はまったくなかった。若い助産婦五人をしたがえ、そこは本当に手術の現場だった。だから、新しい生命が生まれたという感動よりも、何とか無事に終わったという安堵感の方が強かった。そんなはずではなかったのに、やっぱり分娩台に上がってしまったら、あっちのもの。こっちはまな板のうえの鯉。

柳田先生は「もう少しだからね。よく頑張ったね」と汗をかきながら縫合手術をしておられた。とにかく無事に生まれた。チェリー、二千四百三十二グラム。四十五・五センチ。ムーリン、三〇〇〇グラム。四十九・五センチ。そして、無事であった彼女がそこにいた。ご苦労さん。大変だった。本当に大したものだ。

そして、一人一人すべてに感謝していた。こうしてあらためて考えれば、すべてのことがこれで一番正しかったのだろう。

だって、いくつもいくつもの示しで、この病院になり、入院になり、そして、今何よりも三人とも無事なのだから……。

二日――（火）晴れ。午後一時、彼女の友人から電話が入る。玲子は貧血がひどくて、電話をかけられないと言う。仕事が忙しく午後七時すぎに面会に行ってみれば、昨夜私が帰ってから大変なことがあったと言う。それに一人耐えつづけていた。

出産後二時間は、待機室にいて産後の状態が見守られるのだそうだ。その時出血が確認され、しかも会陰切開の部分と違う鮮血だということになって、帰宅していた柳田先生に変わって若い先生がやって来たらしい。何と子宮が切れていた。二子目が生まれる時に切れたのだろうとのこと。会陰切開の外だけ縫合して、内部に出血がつづいていたらしい。それから麻酔もかけずに、縫合手術をしたのだと言う。それは出産の痛みよりももっとすさまじい痛さだったらしい。

「頑張ったなぁ」と声を掛けて手を握るのが精一杯だった。それにしても、女性は大変なんだとあらためて思いながら、もし自宅分娩で一晩出血しつづけていたら大変なことになっていたかもしれないと思うと、もう一度天の導きに感謝した。そして、この導きがいかに正しかったかの共時性を、彼女が興奮して話し始めた。

「あの新聞の示しで二十日に入院したでしょう。すぐに同室になった女性と話をしていて、この病院で正解なんだって思えることがあったのよ。やっぱり神様が、初めから導いてくれていた。本当にありがたかった……」

自宅分娩か病院か、の示しを待っている時、すでに自宅での出産に備えて、産婆さんまで決めていた。

同室になった人は、その時二度目の妊娠だったと言う。前の赤ちゃんは無事出産したのだそうだ。しかし意外なことに、誕生の日まで無事に来たのに、二人目の赤ちゃんは羊水を飲んでしまい、死産だったそうである。非常に珍しい事故だったとのことだ。しかしもっと驚いたのは、その時の産婆さんが彼女がアポイントまで入れて予定していた人だった。一瞬、体に電気が走ったと言う。いきなり同室になった人から、病院出産を選んだ示しへの、「正解ですよ」という答えを見せられたと言った。

まだあった。二人の出産予定日が十一月八日だと言ったら、同室の彼女は、「えぇっ、それって私たちの誕生日と同じです！」と答えたと言う。〝私たち……？〟と怪訝な気持ちでいたら、

「私、双子なんです……」と。

ここまで示されて、彼女はますますこの病院に入院したことを、心の底から納得できたとのこと。病院正解!!　と彼女は大満足である。

それでも私にはまだ釈然としない意識があった。あの手術のような出産風景と会陰切開が……。しかし、この日一人帰ってから、例の夕刊の記事を読み返した時、そこには極め付きの内容が書かれていた。本当に、ドキッとして記事に見入った。記事の最後には、一人行方不明になった理由まで書かれていた。行方不明になった彼はクレバスに落ちていたのである。裂け目で命を落としていた。もし一人今回の出産で行方不明になるとしたら、それは、裂け目が関係していたのである。そのとおりのことが、現実に起こっていたことになる。自宅だったら、私は気がつかなかった。朝までに、それは起こっていただろう。あらためて天の示しに、ただただ頭が下がった。天に向かって手を合わせ感謝していた。

会陰切開についての釈然としない心は、その後ずっと付き添ってくださり、彼女の母親代わりをしてくださった伊藤美佐子さんが、今回とはまったく逆の体験を話してくれて納得せざるを得なかった。会陰切開をしなかったばかりに、子宮が自然破裂していて以後半年以上も大変だった

らしい。

「田村さん、会陰切開して良かったのよ。正しかったのよ。お医者さんに感謝してくださいよ！」

それは実感がこもっていた。そしてすべてを悟る私がいた。二日間、医者不信にかかっていたがもう分かった。黙って感謝することだけにしよう。これで病院の医者や看護婦の人が言っていたことが納得できた。今回は会陰切開が正解だったのだと。そして、最後はすべての人に心からの感謝をした。

こうして何もかも、聖母病院に来たことが正しかったことが、答えとして示された感じであった。

そうそう、生まれた子供の体重の件も完璧だった。二人は、お腹の中で聞いていたとしか思えない。偶然などではないのだ。

一人は、初めから玲子が求めていた三〇〇〇グラムぴったり。もう一人は、私がそれは重すぎて大変だから二五〇〇にしてもらってよと六カ月目に頼んだ体重にほぼ同じであった。

やっぱり事実なのである。赤ちゃんは、すでに立派なエネルギー体。そういう扱いをしたならばそのとおりになるのだ。育児文化スクールの情報には、こうした話はたくさんあったが、私も実感として今味わっていた。

何もかもが、やっぱり人間のレベルを超えた、出産、誕生劇であった。

とにかく、私に女の子が二人もできた。本当に自分がやってしまっていることなのだろうか。あれほど女性には固いガードで生きてきた私が、秘密のままにやってしまったのだ。これまでの人生では信じられないことが今、形のない意識の世界から、形ある現実の世界へと引き継がれたのだ。赤ちゃんという形が現れてしまった。確かにこれは大変なことである。少なくともあと十八年は、私は現実界にあって頑張らなければならない。それがお務めなのだろう。それが天から与えられた使命なのだろう。だから、私はもう一度、現実の世界の勝者になるべく頑張ろう。

玲子、本当にご苦労さま。何もやれないけど、いや、こんな素晴らしいものをお互いに与えあったことを、お互いの気持ちにして立派に育て上げよう。天に代わってね……。

——読後の、玲子のひとりごと

出産後の縫合手術は、本当に死ぬかと思った。あまりの激痛に、翌日も体の震えが止まらなかった。千八百ccの出血、あぁしんどかった。

数日後、霊能者の友人からいきなり電話があった。

「おまえ、生きていたのか!! 幽霊じゃないだろうな! 死ぬとこだったんだぜ」

彼も、私を救ってくれた一人らしい。感謝です。

13

双子育て奮戦――心の闇に火がついた

一カ月の双子育ては、確かに想像を超えたものとなった。とにかく忙しい。双子育児の本に書かれていたように、愛情をかける暇さえない。生活のすべてが子育てそのもの。火・木・土と週に三日家政婦さんを頼んだが、それでも家の中は絶えずひっちらかりっぱなし。整理整頓などする暇もない。食事を作る気も出ない。朝は、一週に一度炊いておけばいい酵素玄米で終わり。夕飯は、ほとんど作れない彼女に変わって、毎日どこからか買い物をして帰って夕飯にする。まずは、自分たちのことは何もない。ただただ、子供一色。目の前のことに、一生懸命に時は過ぎる。それを、誰にも知られずにやりつづける。

洗濯の量も半端ではない。特に紙おむつを使わずに、育児文化スクールの谷口先生推奨の特別な布製おむつを使っていたから、その量たるやすごい。とても干していく時間などないからと、乾燥機を購入したものの、縮んで使い物にならなくなったりのてんやわんや。

何が一番大変だったかといえば、二人同時に泣いた時。一人につられて、ほとんどの時二人が泣き始める。双子ではとうてい抱き癖などつけられないと思っていたが、とても泣き止まない。

どうして泣いているのかには、四つくらいの理由しかないらしい。ミルクか、おしめか、どこか痛いか気になるか、病気か……。そんなことを言っても、とても分かるものではない。初めから甘えなどないだろう。一つ一つ消去しながら考えても、さらに泣く。そんな時には、両の腕に三キロずつの二人を抱く。これがしんどい。ちょっとはいいが、五分以上になってくると普段使っていない筋肉がきしんでくる。

二人でその頃盛んに言っていたのは、

「どうしてこんなに忙しいんだろう?」であり、

「一人ならちょろいね……。一人の子育てで、ブウブウ言っているヤツら、我慢がまったくないよなぁ……」であった。

夜はといえば、二時間半ごとに必ず起きる。飲む。そして、またすぐに寝る。寒い日は肺炎が怖いので、新聞紙を頭にかけて寝かせた。呼吸で湿気が保たれるだけではなく、温かくなると思ったからである。静かによく寝た。

夜中のミルクは十二時、二時半、五時半、八時というリズムで、それぞれに三十分。そのあいだに寝てはいるけど、三日目の八時の授乳の時には、熟睡してしまって起きられない。まったく大変なことである。しかし、私が協力しなければ間違いなく彼女は体を壊すだろう。試運転中にもかかわらず、どんどんと体力を消耗していった。

四日が経った。朝がきつい。このままではもたない。効率化のために、電子レンジ用の消毒器と枕もとで調乳用のお湯を作る器具と哺乳瓶を買った。今晩から台所に行って電気をつけてミルクをつくることがなくなり、授乳の後すぐに自分も寝つけるようになるだろう。しかしこのペースでの授乳は、昼間眠ることのできない私にはとてもきついものになる。慢性の睡眠不足になる。

それにしても彼女は良く頑張る。毎日一歩も外に出ない彼女にすまないと思うが、今はどうすることもできない。ただただ、一生懸命にやってくれる彼女に、ありがとうを言うだけであった。

私は、こうして二つの家庭を持ってしまっていた。しかも一つはまだ誰も知らない。秘密の秘密。その中で、やりとげるつもりで始まってしまった新しい生活。先のことを計算することなど何もなかった。自然の流れの中で全力を尽くす。天の流れを何とか感じるようになっていた私は、ただただ導きに任せようと心に決めていた。

十一月十五日、一週間が過ぎた。二人が休んだ時だけが大人の時間だったが、こっちも寝不足で十二時の授乳が終わった後一緒に寝るようにしても寝不足はたまっていく。そんな一週間が過ぎた、我々にとっては大切な記念の日、またまた久しぶりに亡霊が出てしまった。前の晩、年末年始にアメリカから帰ってくる息子のことを話したのがきっかけだった。

外の空気を吸ってくると言ってゴミを出しにいって帰ってきた。そして、

「ずっとたまっていたんです。あの時の私の気持ちは変わっていませんからね。離婚する気持ちなんかないんでしょう。どっちともよくやろうなんて、私は許せません。有宏貴君が二十歳までに離婚しなければ、私に別れます」

可愛くないの。あの素晴らしい君と同じ体から発している気かと思うとゾッとする。君の体の

中にこんな言葉や強い口調での顔があるとは……。

お互いに二人の子育てに疲れ、いらだちが少しずつ溜まっていたのだろう。いきなりの一撃に、私も応戦していた。

「男はやさしいマリアに憧れるものだよ。君の中にそんな強さがあるかと思うと、もう二度と触れなくなってしまう。色々と努力している最中だよ。そういう言い方をされるなら俺のほうはいつでも別れるよ」

「こんな人知れずの年末年始を送ったことがないんだから……」

「分かっていて俺と付き合ったんだろ？　それじゃ俺と付き合ったり、子供をつくったことを悔いているのか……」

退院してたった一週間の、しかも記念の日だった。素晴らしい日々の突然の豹変にとまどい、さっそくそれまでの人生でしてきた男の反応が出てしまっていた。それは、「嫌ならば、別れればいいだろう……」という別離の勝手な男道であった。

私の望んでいることは、まず籍を抜いて戸籍上で自由になる。その後色々、家族との交流があるだろうし、基本的には皆と調和してほしい。完成したダイヤモンドが完全調和の形ならば、それをこの世で表現すればいい。それが受け入れられないならば、好きなようにしたらいい。私はもうもめるのはいやだ。君は本来は自分から言い出した四月十三日の別離劇ですべてを捨てているはず。それから後のことは、もう君のものではない。

それ以上は相手にせずに、一人ソファで何気なく考えていた。

――こんなことをしていては、神の仕組みが壊れるなぁ……。

――我々の感情はともかく、二人の子供には何の責任もない。それこそ放棄できない。どんなことがあっても立派に育てなければなぁ……。

――今日は十一月十五日、あの記念すべき二人の日じゃないか。九のマジックの天の誕生日じゃないか。これはえらいことになった。こんな日にどうしてだというのか。やっぱりやるべきことを促された日だったのかもしれない……。


子供を寝かせて戻った彼女は白けていた。

「なぁ、今日十一月十五日なんだよ！」

彼女は新聞を見つけ、むさぼるように日付を確認した。そして、すべてを納得していた。

「どうしてこんな大切な日に、感情が荒々しくなってぶつかってしまうのだろうか？」

「それは特別な日だから、神様が強い波動で知らせてくれているんじゃないの。外の神様じゃなく、自分の中の神様の部分はずっと深い内側の静かな部分だから、こういう荒々しい波動が起こってしまったら、感情のエネルギーのほうが強くて、神様を押し退けて人間は感情だけの表現体になってしまう。そういう日には、『感情に注意』ということなんだね、きっと……」

こうして、一瞬でまた何かが通い合った。やさしい彼女に戻り、私に戻った。意識の世界は、本当に簡単である。それだけに、いつも気をつけて、意識を天につなげておく必要があるのだろう。

現実に子供を育てるようになって一週間、霊的な世界、意識界と、現実の世界との関係をずっと静かに考えていた。

——意識界は本当に現実界に比べると楽なものだなぁ。今回の子供のこと一つ取っても、現実に物質化したら、それは大変なことである。それがもし意識だけならば、秘密のままにも楽しくもあり、すべてが自由自在である。それに比べて現実化したことによる大変さ。しかし、しかし、だからこそ、意識界だけでは危険なのだろう。形を持っていないから、自由だから、それはともすると、とんでもない幻想を現実のものとして真に受けてしまう。言うは安し、行うは難し。想うは安し、現実は難し。だからこそ、思うだけではならない。現実界をこそしっかりとして、その中に霊性を高める努力をする。想念と行動がバランス良く一致してこそ、本当の道になる。霊性だけでどうこういうことの危険を、今こうしてすでに味わっている。子供ができて、私は本当の霊性。物体でありながらの霊性を目覚めさせることの大切さを教えられている。私はこれからも、実践を通して学んでいくのだろう……。

それにしても朝がつらい。そして午後がつらい。これはつづかない。もうへとへとである。どうしたらいいだろうか。会社に出るのは十一時過ぎ。しかし、午後には睡魔が襲ってくる。何とかしたい。どうすればいいのだろう。ここまでして、今我々は二つの生命を育まされている。

夜中の授乳をミルク一本にして日々交代にするとか、様々な案を実行しながらも夢中で生きる。

もめた後の玲子は、前に戻って、ひたむきに面倒をみている。時々気をつかって、「(売れていない) 四谷の家に泊まってきていいよ」と休ませてくれる。一生懸命に、お母さんをしている。子供は可愛いに決まっている。小さい小さい固まりが、意志を持って動いている。私もじっくりと子育てをするのは初めてであった。

今五十二歳と十カ月。お祖父ちゃんでもおかしくない歳に、真面目な子育て真っ最中なり。

寝不足の子育て大騒ぎの中で、二十日には王麗華先生のオーラ・パビリオンが茨城県結城市で落慶を迎え、二十三日にはサイババの聖誕祭が催され、司会をつとめた。あの女性棋士失踪後、突然に起こったサイババ騒動。六月十三日に、サイババは霊体で日本上陸したことになる。五カ月後の聖誕祭は、一千人を超えた出席があり、ハワイからは九十歳を越えるヒースロップ博士が来日なさって、貴重な講演もしてくださった。

ダイヤモンドが持つエネルギーで人を完全なエネルギーに調整してしまうダイヤモンド屋が、ダイヤモンドを販売するためだけにEAVを使っていたのでは、ダイヤモンドを売るための都合になる。EAVにもっともっと大きな可能性を感じていた私は、こんな忙しい中、毎週土曜日に公開で、お客様が任意に持ち込んだ物と人とのエネルギーの相性を測る会を始めていた。

そしてこの週、大流行の水晶パワーの正体があばかれていた。体が柔らかくなる。元気が出るとスポーツ選手もたくさん愛用していたが、それは、より強いエネルギーで肉体を刺激しつづける結果で、確かに強くなったり、元気になったりはしたが、そのまま長くしつづけていたら、病気に進行させてしまうエネルギーであることが判明していた。
公私共に忙しかった。しかし、〈私〉の方は、一人胸の内に収め、目の前の瞬間瞬間に全力を尽くして、時を過ごすことに集中していた。

――玲子のひとりごと
毎日がクタクタだった。しかも、眠れない。ウトウトすると、すぐに泣く。
双子は並べて寝かせていると、一人が泣くと二人で大騒ぎ。別々の部屋で寝かせた。
誰か助けてぇ……。

14 突然に始まる、争い

物理的に大変な日々の中で、もう一つの、もっと大変なことが小さく始まっていた。

「働きに出ていい？　外に出たいの。月に二回二時間でいいから……」

「いくら何だって、今は早いだろう。もう少しこの子たちが首でも座って安心して人に任せられるようになってからにしたら……」

こんな会話の後、彼女は不機嫌になった。二人が愚図ってなかなか寝ない。寝ない理由など詮索する余裕はない。小さな波紋は、数日後さらに大きくなった。

年末年始を、今の我々がまだ秘密であるならば余計に、前の家族と過ごさなければならない、と言った時だった。彼女が前から言っていたことと重ねて強い語気で言った。

「やっぱり、自分が一番したいことをすることがいいと思うのよね。十二月三十日から三日まで、二十四時間体制でベビー・シッターしてくれる信用できる所があって今日頼んできたの」

「何でも好きなことをするように言ったでしょう！」

「お金で済むことならいいって言ったでしょう！」

確かに、一人で二人の面倒を見させるのは忍びない。しかし、今はそうするしかないのだよと言い聞かせたが聞かない。

「何でいけないの。好きなことをしていいんでしょう！」

毎日この話が蒸し返された。育児の大変さに感情的な大変さが加わっていった。

そしてついに、育児四十日の中で積み重なった不満が語気鋭く爆発していた。その根底には、思いどおりにならない双子がいた。泣かれることで、精神的に追い詰められていく大人の二人がいた。

「とことん話し合っておこう。俺たちは子育てに向いていない。二人とも向いていないから、どこかに貰ってもらおう。その先については俺にすべてを任せてほしい」

彼女はだまって首を縦に振った。このまま二人では、もつわけがない。我々が三年後、五年後につづいているとは思えない。まして、彼女が子供を育てつづけているイメージはない。外を飛び歩きつづけている姿しか見えない。もう限界が近い。早晩二人は壊滅してしまう。それを察知してか、二人の子供は泣き叫ぶ。二人の子供には可哀相だが、自然に言いたくなって言ってしまった。

彼女は泣きながら、次女をあやしていた。私は長女をかかえたまま、寝室に入り布団に座り泣いていた。涙の性格は明らかに違っていた。

私の涙は情けなさ。彼女一人を広い心で温かく包み込めないことへの情けなさ。すぐそうした反応をしてしまう以前と変わらない魂への悔い。成長をしていない自分に対しての悔恨。若い彼女をも包めない。いとおしい人をも包めない、成長していない私。男の論理。結局は同じなのだ。魂の成長は、そんな簡単なことではないのだ。

それからがさらに地獄であった。次の朝が早いという日にもかかわらず双子は寝なかった。二時半になってもぐずっていた。いったいどうなっているのか。もうくたくたであった。それにしても、そんなことを言ってしまった後、彼女が可哀相で不憫で体をくっつけ合ってしばらくいた。ごめん。本当にごめん。俺は本当にどうしようもない男。五十二歳になってもここまでの男。本当にごめん。

若い君を包み込めない私の心は思わず君を求めた。やっぱり不思議な出会いの二人であった。あの子供ができる前の状態そのままであった。なぜこれが別れなければならないのかと思えるほどであった。しかし、私は足を、エネルギーを引っ張られつづける。やっぱり生活は一緒にできないのだろう。そして、耳もとで感じることを話しつづけた。

「なぁ、この子たちができてからずっともめているね。ということは、この子たちは初めから我々を別れさせるためにできたみたいだね。三月の時この子たちを身ごもってから後、ずっともめていたものな。それ以外には、我々はもめないんだもの。ということは、天は我々に子供だけを作らせて、後は別々の道を初めから示していたのかね……。不思議な仲だな。いずれにしても、君が一番望む、君の魂が活き活きとする道を選べばいいよ」

「私はやっぱり家にいられる人間ではない。そして子育てをできる人間ではない。親友のアッコが言っていた。れいたろうは子育ては無理だから、皆で育ててあげるって……」

不思議な温かい気が満ちていた。

「ということは、次に来る男の子はどうなるのだろうねぇ……」

「あの時も、恥ずかしそうにしていた。誰の子供として生まれるのって聞いたら、恥ずかしそうに、隣に寝ている人って……」

「それじゃ、三年以内にまたできるのかい？」

そうして静かに笑い合った。そして彼女からは、私を思う気持ちがあふれた。

「私は昼間熟睡したから、私が面倒を見る……」と。

夜中の三時半に、長女が大きなウンチをした。彼女はすぐに、かいがいしく私を手伝った。今日も上の子が私の脇に、下の子は彼女の脇に寝ていた。何も知らず、ただ無邪気に寝ていた。君たちには絶対に嫌な思いはさせない。

十二月も半ばを過ぎようとしていた。小さい感情の刺激のし合いはつづいていた。その違いの中心は、価値観であり、常識であった。五十二歳と三十歳の男と女のそれらは、正反対のようにかけ離れていた。突然に始まるいさかいのきっかけは、年末年始を前の家族の所に行きたいという私の当然だと思っていた主張であった。

我々はいったいどうなるのだろう。子供に何の責任もない。子供だけは楽しい中で育てたいと思う。しかしまっすぐに、自分のしたいことや気持ちを主張する彼女には、呆れてものが言えない。それは母親のものではなく、文字どおり飛びすぎた自由奔放なものであり、我慢のない自我のようであった。

そうかと思うと、思いやりいっぱいの心も出す。相変わらずに売れない我が家を時々見に帰った。出際に彼女は言った。

「ゆっくりお風呂に入って、泊まってきていいよ……」

「そうだな、このところ体をろくに洗っていないんだよ。とにかく、顔と首を洗うのが精一杯で……」

確かに、二人を風呂に入れるだけで、もうクタクタ。湯船に入る元気もなかった。と言うよりも、出た後の二人の世話が、一人ではとても間に合わなかったから、すぐに出ざるを得ない。年末年始のことは、未解決のままに日が過ぎていった。持ち出せば乱れる。子供がいることも知らない私の両親や家族は、行かなければ納得しないだろう。現実に起こった最初の板挟みであった。

15

解決

結局この騒動は、意外な方法で解決した。誕生後も絶えず励ましにきてくださっていた聖母マリアのコンタクティー、伊藤さんが年末にやってきて話してくださった。

「この前、長女ちゃんに教えられたことがあるのよ。二人がもめた年末年始のことで話をしていたら、長女ちゃんが言うには、パパは一番居たい所にいられないんだから……って。彼女もこの意味をスッと取り入れてくれたから、大丈夫よ」

生まれたばかりの長女と霊的に話すということは、長女にこちらの意思を投げかけながら、その表情や雰囲気から感じ取ること。そして閃くことが、長女の意識なのだと教えられた。この話に彼女も乗って、

「〝モンシェリー〟って、ずっと妊娠中に閃いていた言葉なんだけど、〝私の愛する人〟っていう意味だったのよね。だとすると長女って、毎日〝愛する人〟って呼んでいることになるのよね！」と言いだした。みんなに愛されて結構、結構。

十二月三十一日——大変な一年となった最後の日。二つの未解決の家庭があった。その中に、

突然に荒れ果てる感情があり、それに刺激されて揺れ動く自らの心があった。

ずっと導かれているという確信が、この頃、もしかしたら違ったのだろうかという疑問が起こってくるようになった。まさかの心境である。

俺は、今本当に天に導かれてここまできてしまったのだろうか……、それともやっぱり男と女の関係でこうなっただけなのだろうか……。そして今何を選択することが一番正しいのだろうか……。すべての心を取り払って考えたら、最後に残るのは何なのだろうか……。子供に対する情さえも取り払って考えたら……。どの道を歩めというのだろうか……。

シュタイナーの教えを、ドイツでマスターした、川手鷹彦氏は三つに一つだとおっしゃった。前の家族一本か、今の家族一本か、その両方でもなく、まったく新しい道か……と。そりゃ、今の新しい家族に決まっている。子供が育つのは、これからなのだから。でも、あまりにももめるので迷っている。どうして？

でも、だからこそやっぱり心を無にして、天の答えを待つ。きっと自然の流れの中で、心が負担にならない解決がやってくるのだろう。一年のまとめに、そんなことを考えていた。

16

試しの共時性

一九九四年の新年に入ってから、けなげに家事や私の面倒をみる彼女と、家政婦やベビー・シッターに頼んで、外に出て気分転換する彼女がいた。もめ事は、小さくつづいた。そのあいだにも、いくつもの共時性のある人との縁で、週に三日のお手伝いさんも見つかっていた。あまりの大変さに、天が遣わしてくださったと感謝していた。

私個人の周りでも、色々な動きが出始めていた。

調停が進んでいた離婚の話は、息子に相談することが遅れたために、初めからやり直しとなった。

外部にも少しずつに知られるようになり、親友には諭されていた。

「田村さん、いくら俺でもかばいきれないよ。評判悪いよ。どうして産ませたの？　仕事の方は大丈夫なの？　神の子だって？　そんなこと言わない方がいいよ……」

〝神の子〟なんて一度も言ってはいなかったが、神に導かれて起こっているという延長にそんな言葉が飛び交っていたのだろう。

もう一人の友人は言った。

「社長のことは、誰も理解できませんよ。経験した者しか分からない境地に入ってしまったんです。玲子さんも、若くて経験不足だから、やっぱり分からないみたいですよ。何でもお手伝いしますから、やらしてください……」

励みになった。それにしても、人の反応によって、よくその意識レベルが見えるようになった。

社員に発表したのが、三月の中旬。

「人の道からすると、どうなんでしょうか?」と聞いた一人がいた。

「まさしく人の道、人の理には反するんだけれども、それじゃ、どうしてこれだけの共時性や偶然がつづくのか……その答えは今まだ分からない……」と答えていた。


慣れない子育てと、仕事と、絶えず内と外から刺激される感情レベルのつらさの中、ただただ目の前のことに集中していくしかなかった。疲れていた。そんな中で、宇宙の法則の一つ、カルマについても考えていた。カルマは、行為の結果であるという。

一、今回の私にマイナスのカルマが働いているとは思えない。どちらかというと、ご褒美《ほうび》のような出来事だった。しいていうならば、未経験の感情の世界を学ばされているのかもしれない。一方、私のことを知って、心の底から後ろ向きの想いが湧き上がるならば、何か原因があるはずである。もし、かき乱される想いが現れるならば、きっと以前にその魂は、他の人にそうした想いを起こさせた経験があるのだろう。今逆の立場になって、そのつらい感情を経験している。経験だけではなく、理解して感謝できたらカルマは清算されるという。

二、そうしてすべての原因は自分の中にあると思えたならば、人はみな、感情を私にぶつけてこないはずである。私も、外の責任にはしないだろう。まだみんなすべての原因は、外にあった。それではカルマは解けるわけはない。

三、宇宙的な真の愛に目覚めているとしたら、こんな愛憎にはならない。すべてを自然に受け入れた、すべてに対して平等の愛、感情を除いた愛に昇華していくはずである。

四、すべてに偶然はない。必然であるという法則があるならば、なぜ、もめることも偶然ではなく必然で起こっていると思えないのか……。そして、この答えを探らないのか。外に向かいながらも、自らに強く問うていた。

意識的にはアップアップ状態の中、仕事では、相変わらずに色々な出会いもあった。

一人の知人からは突然、老子様が後ろについていると言われた。老子が、私の面倒をみてくださっているのだろうかと思った。

福井の霊能者は、

「竜神の上に観音が乗っている。こんな人は滅多にいない。私が知っている人では、世界救世教の岡田茂吉氏だけ。大した人に会ったものだ……」とおっしゃった。私には分からない。しかし、竜神の激しさに、観音のやさしさか……。混沌とした日々の中の私の心境のようでもあり、分かるような気がした。

仏教系の霊能者からは、

「金毛九尾の狐がついていて、こういう人は、過去に二人しか見たことがない。大変な実業家として、大成功しているはずですが……」などと言われもした。

私には分からない。しかし、これだけつらい思いの中で、それぞれに見える人がそう言ったということは、私の苦境にあたって、それらのエネルギーが応援してくださっているのではないだろうかと思えてありがたかった。

何も事情を知らない、見知らぬ人からの突然の助言もあった。

「このところ田村さんは、血がバァッと頭に昇るイメージがあるので気をつけてほしい」と。なるほど、何回も本当に、脳の血管が破裂するのではないかと思う日々でもあった。時には、後頭部左側であったり、右側であったり、激しい疼《うず》きであった。

それほどに、神経戦をつづけているということか……。日々の仕事の中で起こることに対しては、苦しむことはなかったが、神経的には確かに参っていた。

神に問うていた。

「神様、どうして私にこんな状況をお与えくださったのですか？　ここから何を学べと私におっしゃるのですか？　それは、こうした状況でしか学べないことなのですか？　どうか教えてください！」

それを聞いた長崎の渦潮の友人、平原さんが言った。

「十字架の上でのイエス・キリストと同じ言葉ですね！」

イエスとは、あまりにも例えが大きすぎて畏れ多くも、それぞれが、その時々の励みや慰めになっていた。


そんな中、年末からつづいていた子育て不向き騒動に、不思議が現れた。

最初は、お世話になっている伊藤家から、養子にいただいてもという提案であった。度々玲子の応援にいらしていた美佐子さんが、我々の育児に対する大変さと、やっていけそうにない感情の不安定さを見て、おっしゃったことだと思う。

子育て放棄発言は、我々の中でも何かとぶつかるごとに出ていた。私と彼女自身とのあいだのもめ事の時にも出てしまったように、ここでも分離の論理、男性の論理が出てしまっていた。私が人生で身につけた男の論理。嫌なら、別れれば済むという一番簡単な勝手道。決して、調和への道を選ばない。それは感情レベルの爆発。そして彼女もそのとおりの意識であった。

そんな時、二十年も前からの兄弟分で、私が〝兄貴〟と呼ぶ知人が、大変な状況になっていることを知って、突然の申し出をしてきた。

「なぁ兄弟、俺の彼女が子供を欲しがっているのよ。色々ともめているらしいけど、俺が引き取ってやるよ。籍に入れて育てるから、兄弟はいつでも会いにこられる。そうすれば、あっちもこっちも丸く納まる。遠慮しなくていいからさ……、一度彼女に電話入れてみてよ。本当なんだからさ……」

何かに導かれるように電話をした。

欲しがっていたのは本当であった。年子の子供を産んだ後、その家とうまくいかなくなり、三人の子供を置いて、というより、追い出されたという。

「もう、十八歳になるのかなぁ。子供は育てたかったんだけど、出るしかなかったの。下は双子でね……」

「ええ、双子だったんですか？　そりゃ、大変だったでしょう」

「年子の子がいたし、それは大変だったけど、たった一年だったから……」

何気ない会話がつづいた後、双子の誕生日の話になった時、私は凍りついた。養子に出す、とは感情的になる度に言い合っていたし、たくさんの人達にも言われていた。しかし、だからといって、本気という胆にまではまだ落ちていなかった。しかし、これには参った。神様、どういうことなのですか……。これが、私の神に問うたことへの答えですか？　またまた起こった共時性に、真剣さを突きつけられていた。

「それがね、十一月十五日だったの……」

あの、我々には特別な日と同じだったのである。長女と次女の、数霊でいう天の誕生日と同じだったのである。

「本気で考えておきます。また電話しますから……」と、慌てて電話を切った。

考えた。これは示しなのか、それとも試しなのか。それにしても、できすぎの共時性であった。

神は、私に何をさせようとしているのか。示しとして、ここに養子に出しなさいと言っているのか、それとも、ここまでの共時性を用意して、我々の意識を試しているのか。いずれにしても、二つに一つの重大な選択を迫られていた。

せめぎ合いの中で、十七歳になっていた息子の、彼女に会いたい、という強い気に押され、双子を守って健気に頑張る彼女の自宅を訪ねさせた。

大失敗となった。ますます頑《かたく》なになる若い息子。突然の新しい家族出現に、とても納得がいかなかったのだろう。一方それまでは、さんづけで呼んでいた彼女の心に、妻や息子に対しての大反感感情を植えつけてしまった時期でもあった。

しかし、その結果が実は、意外な反応として返ってきた。

「私は育てます。一人ででも自分で育てます！」と、彼女ははっきりと宣言した。その強い態度に、私も、しっかりと心に決まりがついた。

そうなのだ。君たち生まれた二人によって起こった諸々のもめ事だけれども、もともと君たちに救われていた。今君たちがいなくなったら、俺らは終わってしまう。もう、戻ることはできない。君たちに会えて、私は幸せなのだ。もめているのは、私と周囲。もとより、二人とは何もない。私の天使たちよ……。

断った。試しだったのだ。我々の心を確認させるための天の試しだった。見えない世界からのメッセージや共時性には、直接的に有効なものと、そうでないものが含まれているのである。それらが何もかも、無駄なく起こっているのだろう。意識の進化のために……。

そして、乱れた感情の後、彼女から優しさが滲み出ていた。床に入って泣きながらつくづく言った。

「ごめんなさい。こんなにつらい思いをしていたのに、ボクを苦しめていて……」

彼女は私のことを〝ボク〟と呼んでいた。彼女には黙っていても、裏では離婚という解決に向けて努力していることが、図らずも息子の訪問で分かったらしい。やさしいところの大いにある彼女でもあった。

――玲子のひとりごと

田村は、〝ボク〟だった。まるでわがままな高校生の男の子のようだった。

親子ほども年の違う私を殴った。本当に悲しかった。そんなことから、余計に周期的にも切れるようになった。家も出た。

友人たちは、私の我慢に涙が出ると言ってくれた人もいたし、田村の長いあいだの知人に話した時は、

「そんなひどいことを言ったり、やったりしたのね。

それなら寝込みを、金属バットで襲いなさい!!」と言って、励ましてもくれた。同性として私を分かってくれた母親のような愛情に涙が出た。この言葉は、以後ずっと私に勇気を与えつづけた。

寝込みこそ襲わなかったが、眠っている田村に向かって、やられたことと同じように、思い切り仕返しをした。私の痛みのリベンジ！ だった。

——私のひとりごと

知らずに寝ていた。くわばら、くわばら……。

17 やっぱり人には前世がある

苦しい神経戦の大元も、確かに双子が始まりだったが、二人の可愛い存在は、チリチリするほどの後頭部の痛みをも癒すようなエネルギーを持っていた。

長女は、本当にすぐに解答を出さないとダメな、おしゃまな、しゃきしゃき娘。しかし、天井を見ながら、二〜三十分は大きな声で話しつづけている。とても可愛い。笑いは、微笑みを大きくしたくらいにはじける。シャープな子になるだろう。聡明なり。

次女は、どっしりと泰然自若。じっと瞬きもせずに凝視して物事を観察している。ゆったりと、落ちついて、するどい反応はしない。大物。枕もとにある机の下につるした鳥を見ながら、やっぱり話をしている。笑いは、顔が崩れるように大きく笑う。二人は、笑い方までが違う。

会社から帰って名前を呼ぶと、それはいい微笑みをする。笑顔はエネルギーである。癒される。何としても育て上げるのだ。

初めて風邪を引いてしまったのもこの頃。出張から帰ると、むくんだ顔になっていた。ぐったりとしている次女。ゼイゼイと喘息のような呼吸をしている長女。参りました。でも、こうして人は育ってきた。親は、その一刻一刻に思いをかけ育ててきた。今自らがやることによって、親への感謝の念が起こる。

玲子に抱かれた次女に声をかけた。

「大変だったねぇ。もう大丈夫だよ！」

その時、信じられない光景を見た。ただ瞬きもせずに、一心に私を観ていた次女。そして、涙が幾重にも、次女から落ちた。落ちる涙を流しながら、笑って頷いている。こんな感情が、生まれて五カ月たらずの子供にあるのだろうか。まるでそれは、大人の深い命の底からの感情のように思えた。魂の叫びだったのかもしれない。嬉しかったんだろう。大変だったねぇと言うことが分かったのだろう。何という雰囲気を出す子供なのか……。特別ないとおしさでいっぱいであった。

長女の気管は、今のうちに何とかしなければ、私と同じ喘息になる。薄着で、早めに水泳でもやらせよう。

もう大丈夫だよと、手を当ててエネルギーを送りながら添い寝をした。何としても育て上げる。新たな決心だった。

それにしても、二人の反応は違う。生まれた時からまったく違う。同じ期間お腹の中にいて、同じ環境で、同じ育ち方をしていて違う。それでは、その違いは何なのだろうと人は問わないのだろうか。医師は不思議に思わないのだろうか。

しかし、私には良く分かった。人間が魂として存在していることを理解した私の所に、二人が来た。生まれた時から反応は違った。三～四カ月が経って、余計にその違いがはっきりしてきた。決して生まれてからの違いではない。お腹の中での違いでもない。明らかに、まったく違う性格。二人同時にやってきたことで、私は魂の前世のある証明になることを見せられていると思っていた。そう考えなければ、今目の前の違いに答えはない。私のためには、魂の存在の証明のために、現れた二人のようでもあった。

そう。人には、血――肉体――の流れと、魂の流れがある。明らかに、前世での経験の違いが、生まれてすぐからでも出ているのだ。

そろそろと始まった離乳食。バランスを考えた食事の苦手な彼女に、離乳食を作る意志も体力も残っていなかった。やるしかない。この一年、我々が食べて助かった酵素玄米を使うしかないと思った。

一升を一度に炊いた後、日に日に酵素化し栄養価が高まる酵素玄米。腐らない。子育てに追われる我々には、何はなくとも、これだけ食べていればという食の秘密兵器であった。

飲めるようにしようとミキサーを購入する。初めは、水が足らずにベタベタでミキサーが廻らなくなる。水加減を調整して、まず荒い目の味噌漉しで漉す。もう一度ミキシングして、最後に紅茶漉しで仕上げる。これを、ミルクと半々で飲ませるようになった。喜んでよく飲んだ。

この酵素玄米、ＥＡＶで人に最もやさしいエネルギー、オール五十であり、そこにさらに、オール五十の魔法の水、プリスティン・ウォーターを加えていた。時を同じくして研究の始まった物と人のエネルギー関係。今考えると、この離乳食は大成功。玄米の中に含まれる栄養価と植物繊維は、二人の体の土台を作るのに、ずいぶんと役にたったと思う。つやつやの肌で、育ちつづけてはいた。

18 エルビスからのメッセージ

三月十四日――会社で発表したら、激しい反応をした社員が四人。妻からは離婚を取り消され、玲子からは追い立てられ、文字どおりの四面楚歌状態の中で、天界のエルビス・プレスリーからのメッセージが突然に届いた。それはまさに、この時の私の心境にドンピシャの中身であった。

数年前から、すでに何冊もの大学ノートに、エルビスとのやりとりを記していた知人がいた。エルビスのことを何も知らない一人の女の子に、突然話し始めたエルビス。内容は、ウ～ン、と唸ってしまうほどのことが多々あり、エルビス大好き人間の私は、送られてくる会話集を読んで楽しんだり、学んだりしていた。

例えば、薬漬けになってしまったいきさつを問うた質問には、

「ステージでは、私がお客様に大きな喜びを与えているんだけれど、実は、私もすべてのお客様からさらに強い気をもらっているんだよ。ステージを終えると、体は疲れているんだけれども、エネルギーが興奮していてとても休めないんだ。だから、飲むようになってしまった。しない方がいいとは分かっていたけどね……」

なるほどと思った。お客様の気をもらって眠れないとは思いもしなかった。

私個人には、

「もっと頭の引出しを空っぽにしてほしい。どの引出しもいっぱいで、私が入ろうとしても入れない。我々のエネルギーを受けるには、頭を空っぽにしてほしいんだよ……」

左脳いっぱいに、知識や情報が詰まっていた。電話番号を、三十も四十も覚えていることが、当たり前のことであったし、人の名前をとにかく忘れないことが、二十三歳で就職したセールスの世界で、最初に教えられたことであった。それを守って生きてきた。しかし、今見えない世界に興味を持ったら、それが邪魔なのだという。なるほどね……。

エルビスをチャネルする彼女の耳にも、私の噂が入ったらしい。そのことについて、エルビスとやりとりをした内容が届いた。

「これから田村さんに何が起こっていくのかな……」という質問に対して、

「さぁ僕にも分からない」と、エルビス。

「よく使うセリフだけど……、エルビスは前に『心配はない。すべてセット済みだ』って言ったことがあったけど、セット済みってことは、すべて見透かしているってことでしょ？」

「セットが済んでることが分かっているってこと。心配はないというのも真理だよ。あらゆることが良きことの一部である。この世界において、〝心配〟はあり得ない。そしてね、そのセットをしたのは、僕であり、君であり、すべての人、一人一人なんだ。そしてさらに前にも言ったように、セットというのは、思いの方向を言っているわけで、その現象化のシナリオが完全にできているわけではないよ。今のこの瞬間の君の想いの向きが、これから起こっていくことに大きく影響を及ぼす。セット済みのことでも、現象は自分で作り出していくものなんだ。だからね、現象ではなく、あらゆるものの本質に眼を向けて、そこから放たれている光を感じ取ること、それが大切なんだよ」

この世の結婚という形の中で板挟みにあっていた私の心は、中身を見てくれと叫んでいた。同じに見えても、違う本質に目を向けてくれと、魂が叫んでいた。そのとおりのタイミングで届いたメッセージで、嬉しかった。

そうなんだ……けど、現実は難しい。信じてまっすぐに生きていこうとしているけれども、大変であった。

さらに言っていた。エイトスター・ダイヤモンドや私の方向を聞いた返事である。

「まったく同じことだよ。彼の思いの向きが、彼を取り巻くあらゆる状況を作りだしている。その方向が正しいか、そうでないかということも、僕たちに言うことはできない。彼が何を学び取っていくかということが、彼にとっての問題なんだ。そして、彼にかかわっていく人たちもまた、自分たちが作りだした状況の中の登場人物である彼から、何を学んでいくか、そのことが大切なんだ。何が起ころうと、それを正しいこと、間違ったこと、または、善だ悪だと評価することは誰にもできない。それぞれすべてが、一つのものの側面なのだから……」

そして、最後に、

「彼の女性との関係についてだけど、彼は彼のやり方でペースで学んでいるし、そこには様々な彼自身のカルマ的なことに源を発する問題も交錯している。しかし彼は求めているからね。以前にも増して強く光を求めている。周りから見える彼の姿がどんなものであろうと、彼がどんなに純粋に、そして強く、魂について学びたいと思っているか僕は知っているよ」

そうなんだよ。俺は知りたいんだ。知識ではなく、本当に魂のことについて知りたいんだ。何を差し置いても、魂をきれいにしたいんだ。

ここまで来て、少しずつ分かってきたことがあった。人間関係をいつも、円滑に、問題なく過ごせればいいと誰もが思っている。もめることなど好きな人はいない。だから私と妻は、嫌なことをぶつけ合うのを避けるようになっていた。それこそが、大人の付き合い方だと思っていた。しかし今、日々、私の意識や感情は刺激されつづけ、それに対して反応しつづけていた。私の心は、決して澄んではいなかった。心の底によどんでいる汚れをそのままに、澄んでいると思っていた。

刺激されればされるほど、よどんでいた私の心も乱れた。表面だけきれいな池のようだった。よどみをきれいにしないかぎり魂をきれいになどできない。だとしたら、表面的に装っているということは、魂の進化にはつながらない。私の人生は、新しく魂の進化に照準が合っていた。だから、だからこそ、彼女がやってきていた。私の心のよどみを明かすために……。

それにしても我道険し。そんな時の強い励ましとなった。ありがとうエルビス。

19

殴って、預けて、悔いた

四月十一日――気持ち良い春の季節になったというのに、彼女の感情の爆発は、少しずつ回数を増し強くなっていった。このところ新たに彼女の感情を刺激していたのは、正月に加えて夏休みにも、私が前の家族に会いに行くということであった。会わないことを書面で約束しなければ、私はもう子供の面倒をみないという。

ぶんなぐってやろうと思ったけれど、今こそ耐える時と我慢する。彼女は家にいながら、言ったとおり何があっても面倒をみない。私一人で、二人を面倒を見た夜。それにしても、この女の性《さが》とはいったい何なのだろう。私には分からない。

彼女が最初の頃言っていた、〈形にとらわれない生き方の実践〉とは、いったい何なのだろう。君こそ、形・形・形じゃないか……。自然体などどこにもない。俺は混乱している。この女は、直らない。去年の三月に子供ができた時からの反応と同じなのだ。いや、もっとひどくなっている。

十二日――朝から、何としても手伝わない。子供を人質に取られての、何とも段々と強くなる女の業なり。

次女が愚図ったから、寝室に寝ている玲子に持っていく。ちょっと面倒を見た。次に長女が愚図ったから、同じようにしたら、まったく見ない。悪態をつく。

我慢に我慢をしていた心が爆発した。ふてくされて寝ている彼女を、突然襲いかかって殴った。

「何よ！」と反抗する彼女。

長女がびっくりして見ていた。こんなところを見せてしまってごめんよ。ごめんよと言いながらも、君を押さえつけていた。もう一発と手を上げたけれども、できなかった。

やってしまった。我慢の限界がきてしまった。

とにかく、今日君を落ちつかせなければ子供が可哀相だ。私は一日居てやれないのだ。子供ができて、強くなっていく女の心、業が大嫌いである。どのような時にも変わらない人間になってほしい。その心で子育てをしてほしい。そのために天は我々に子供を遣わされた。それがこんな体《てい》たらくの中で育てるなんて、それは天に唾だよ。

次女を抱いたままでの言い争いも見せてしまった。愚図っていた次女は、びっくりして泣き止んだ。こんなことがどれだけ赤ちゃんの魂を傷つけているか、考えただけですまない。ごめん。

どうすることもできない。出社してからすぐに、誕生以来ずっとお世話になっている伊藤さんに電話をした。甘えるしかない。家に行ってくださると言う。ありがたかった。

それにしても、何かといえば、子供を人質にするやり方はフェアじゃない。子供を連れて出ていくと言う。俺は、出ていった後どんな境遇が待っているか解るので折れる。そして、今度は言うことをのまなければ、子育てをしないと言う。私が、どれだけ困るのか分かっているからこそやる。私が子供を可愛いがるのをいいことに、言いたい放題、やりたい放題である。これはないよ、玲子。君は、自分を落としていることに早く気がつくべきだ。豪華客船の機関室にまたいた。そして、気持ちの交流すらないままに寝る夜は、白けてつらい。

十三日——朝起きたら、「昨日はごめん」と彼女は謝った。「分かればいいんだよ。今日も頑張れよ、玲子」と言って出社する。

そして、二人よ、見事に伸びていけ。どこまでも伸びるのだ。人間には、その可能性がある。伸びることを知った者には、無限に広がる可能性があるのだよと心で願った。

そんな朝だったのに夜には、突然に最悪の日がやって来た。些細なことだったが、十二指腸潰瘍が悪くなってひどいから入院すると言って、突然十一時二十分に家を出て行った。呆気に取られて呆然とする。そりゃないだろう!!

一人でやらなければならない。それはやる。しかし、明日からの仕事はどうするんだ。俺は、男として、仕事をしているんだよと思ったが、怒鳴る相手はいなかった。

それにしても、絶体絶命の状態を天は用意なさったものだ。逃げようがない状態で、色々なことが起こる。

十四日——仕事があるのに、朝から大変であった。とにかく二人を泣かせないようにして、七時から十時まで、おしり干しや遊び。その後ミルクを飲んで十時十分過ぎに二人は寝た。そこへ、突然の家出に狼狽した私からの依頼を受けた伊藤さんが飛んできてくださった。ありがたいことである。そして、彼女のポケベルを鳴らして、伊藤さんが話す。私も話す。まったく譲歩することはない。昨日の朝、ごめんって謝った女が、まったく一歩も引かない。どんな感情をぶつけられてもそれは、彼女自身で取り入れてしまった感情。こっちの問題じゃないと言いたいが、激しさはますますエスカレートする。どうしようもない。土曜まで帰らないと言って一方的に電話を切った。

夜のことや、明日からの仕事のことを考えれば、託児所にお世話になるしかなかった。預けた二晩は、悶々としていた。いつも、二人が私の心にいた。そして最後は、サイババさんに、「魂に傷がつかないようにだけでも、お守りください」とお願いしていた。

苦しい時には人に話したい。エルビス・コンタクティーの知人に、つらい気持ちを話していた。すぐにエルビスからのメッセージを書いて届けてくれた。そこにはこう書かれていた。

「誰も皆、そうやって生きている。つらい時を過ごすこともある。喜びで心を満たす日もある。すべてが大きなものの中で戯れている光のステージだ。君は今、何を見ている？　何を求めている？　何を恐れている？　君は何と一体なのか？

君は、君を取り巻くすべての人たちと一体であり、それゆえに、ステージを互いに分かち合っている。みんな君の思いに忠実に、それぞれの役を果たしている。君が台本に書かなかったセリフを喋る者は一人もいない。いいかい、今こそ本当に気づかなくちゃいけない。すべてが君から出て、君に戻っていくのだということに……。色々と心配しているが、それは君自身が恐れているからじゃないのかい。人の優しさ、人の力強さ、人の愛に感謝し、そして、人を信じきることしかないだろう。人を信じるというのは、結局のところ、君が君自身を信じきるということなんだよ」

十六日――頭が重い。早朝帰ってきた彼女は、何事もなかったようにケロッとしていた。つらさを持ち越している私は、あまりの変わり身の早さに付いていけず、心には疑問符が灯っていた。託児所に迎えに行った帰り道、家に着くまで玲子との会話はなかった。交わす言葉がなかった。ただこの無言の中で、それぞれに静かに感じていた。旅行などで預けるのと違って、今回の預け方は、軽いノリでここを通り越すという感じではない。だからお互いに、しっかりと学び合わねばならないと思っていた。

夜、風呂に入れた。ゆっくりと大事に、心を込めて入れた。何も分からない二人だが、きっと魂では淋しかっただろう。もう二度とするものか……。何があっても、一人ででも面倒をみてやると強く思っていた。

20

神様、俺を引っかけたのか。答えをくれ……

本当に、双子育児は大変である。目の前のことを、次から次へとこなしていくしかない。どうした方がいいかなどと考えたり、ちょっと先のことをも計算する余裕もない。

そのあいだにも、二人はハイハイから、言葉を発し始め、親のご機嫌を取るような素振りをするようにもなっていた。

彼女のプッツンは、それからも直ることなくつづいていた。日記をまとめていて驚いた。よくもったものだと思う。安泰な日々は、つづいても二週間。そのあいだ、絶えず何かで突然に乱れた。乱れる理由に何か法則がないかと思ってもみたが、私には分からない。そんな中、二度目の殴打事件が起こった。

五月二十三日——あの殴打事件から、まだたった四十日しかたっていなかった。初めは些細なことから起こる。風呂に入り、先に長女と寝ていたところに玲子が来て聞いた。

「このところボクのエネルギーが小さくなっているのをサイババに聞いてみたら、私が何かと波動を荒くしていることが魂の奥底を傷つけているって言われたけど、本当?」

「うん、そう。もっとやさしくしてやってほしい」と人事《ひとごと》に例えて、本音を答えた。

たったそれだけだったけれども不機嫌となった。プッツンは目をつむるとして、今度は子供の面倒を一切見ない。次女が泣いても面倒を見ない。私が変わって次女を寝せる。さらに愚図った長女に対しても、あからさまに邪魔扱いをする彼女を見て、心の中で呟いた。

——どういうヤツなんだ、いったい!

そして、ふたたび次女が泣く。いっさいの反応を見せない。

「そりゃないだろう、子供だよ……」と注意する。

「何よ?」と私を睨みつける。

こうした伏線があって、寝ついた午前三時半過ぎ、次女がまた泣いていた。黙って様子を見ていた。やっぱりいっさい動じない。面倒を見ようとしない。仕方がないから私が静めたが、静めながらも心が動き始めていた。日頃のウップンが私の心の奥底にたくさんあった。じっと、我慢をしていた私の心がついに切れた。心の底から起こってきた感情を押さえつけることができなかった。

「いい加減にしろ!」と怒鳴りながら、いきなり殴りかかった。一回ではとても気がすまなかった。一息終わるまで殴りつづけていた。

——読後の、玲子のひとりごと

疲れていて動けなかった。それが分からないボクも悪い。それにしても、目から星が出た。エイトスターじゃなかったけれども、激痛と怒りの中でも、目の前の星はきれいだったことが思い出される。これからどうしてやろうか、とも考えつづけた。やっぱり、リベンジ!!


泊まりに来ていた彼女の母親が叫ぶ。

「あんたたち、どっちも悪い!!」

そして、彼女は、

「終わりね!」

と言って、そのまま家を出ていった。泣く二人を、一人であやしながら思っていた。午前四時だった。

——またやっちゃった。殴っちゃった。俺は変わっていない。


翌朝のこと。四~五時間の睡眠でまいっていた。仕事に行かなければならない。今日一日、泊まりにきていた彼女のお母さん以外のヘルプがいない。彼女を呼び返すしかない。何回も何回もポケベルを鳴らす。ようやく八時半過ぎに連絡がある。「何回もポケベルならさないでよ!」と、ひどい剣幕だった。

何を言われてもいい。とにかく、悪かった。後味が悪くて仕方がない。殴っちゃいけない。まだまだ俺は若いと心で詫びていた。頼むから帰ってくれとも願っていた。

そんな想いが通じたのか、電話から十五分ほどで帰ってきた。二人は愚図っていた。彼女のお母さんと面倒を見ていた。そして呼ばれた。子供を置いてくるようにと促された。恐い女である。殴るつもりでいる。ここはやりたいようにさせるしかない。

「目から火が出たのよ！」と言うので、黙って目を閉じる。

「立ってたら、頭を殴れないのよ！」と言うので、座敷に座る。

いやぁ、頭をポカポカ何回殴られただろう。彼女は真剣だった。しかし、その解放の仕方のあまりの可愛さに、殴られながらも笑いを堪えていた。その上に、

「一時間のクスグリの刑だ」って、くすぐりつづけた。我慢できず、力づくで抱きしめる。

「汚いじゃない！」と叫ぶ。やりたいだけやって、一言、

「あぁ、すっきりした！」

突然に分からない。プッツンするのも分からないけど、こうして突然回復するのも分からない。でも、回復すればありがたい。

二度目の殴打事件は、深い傷をつけ合わずに終われた。しかし何かというと、「私は一人になりたい。出ていく」から始まって、「出て行って」に変わったりして日々過ごしていた。絶えずもめる我が家。ある時など、些細なことで言い争って、「出ていって」と言うので、ワイシャツを着て出ていこうとしたら、長女が私を追いかけて泣くので、ワイシャツを脱いで抱っこして、

寝室に行ってあやしていた。そこにやってきた次女がやったことには驚いた。私の肩を右手で何回もたたいた。いかにも分かっていて慰めているかように……。それとも、パパ悪いよといさめているかように……。

まだたった十カ月あまりの二人に気を使わせる親とは、いったい何なのだろうと反省させられた。いい歳をして、彼女の発する時々の感情に、真っ正面から取り組んで暮らしていた。ただただ、この瞬間をつみ重ねるように……。

そして、ついに最後がやってきた。十月も中旬になっていた。アメリカに行かなければならない用事があった。しかし、仕事ではないことを知っていた彼女は反対していた。ベビーシッター代置いていくから、何とか行かしてよ、と頼んでいた。しかし、オーケーは出なかった。私も、これを素直に聞けなかった。そして、今日はもう甘えさせても仕方がないと思いすべてを言った。心はまったく平静だった。

君が出ていくか、私が出ていくか、相談して天国のような家にするかの三つに一つだ、と。その上に一つ付け加えたのがまずかった。もう一つ考えられるのは、

「君が出ていって好きな時に帰ってくればいい」と言ったら、

「そうします」と言って、簡単に出て行った。

もうとにかく君のご機嫌を取りながらの生活は結構だよ。俺は自分でやるよと、言いたいことをはっきりと言った。君の主張がわがままそのものでおかしいこと。そして私は、子供と別れるという一番つらいことをも覚悟していること。君の感情界を取り除かないかぎり、どうしようも

ない。一緒に生活はできないということを……。

本当に神様、この関係はどうなっているのですか？

家を出て、いつ帰るか分からない最悪のケースになりつつあった。しかし、心は不思議と静かであった。もういい。どうせなら、早くなるようになった方がいいと思っていた。この大変さを調和の方に解決できなければ、来世まったく同じ組み合わせで、もっとつらいことが起こるとは分かっていても、このわがままにはもうついていけなかった。

世話になりつづけている、伊藤マリアさんに電話をした。彼女にも見えていたようであった。

「彼女は今、地獄にはまりこんでしまった。これは誰も助けられない。自分で気がついて抜けるしかない。だから田村さん、どうしたいの。子供をどうするの？　捨てられないでしょう。ならば、気づいている方が面倒をみなければ、それは大変なことになる。田村さんは、彼女とのことはどうするつもりなの？　そこまで行っているならば、子供だけをしっかりと自分の手もとに置くように言いなさい。そういう時が来ている。長女が彼女の波動を受けて、どうしていいか分からないという状態なのよ。影響を受けているのが分かるから私も堪らないんだよ。長女が可哀相だよ……」

本当にそうだ。まったくそうだ。俺は、もう引かない。自分が思ったようにする。それでなるようになる。いや、自分を殺していることが、今回の縁ではない。自分の意識どおりに言葉して行うことが、今回の縁なのだ。だから、もう遠慮はしない。それで流れる自然な方向にしたがおうと決心していた。

仕事は多忙を極めていた。本当に過酷である。意識の世界を日々混ぜ返されながらもよくやるよと自分でも感じていた。帰宅は、九時半。お手伝いに来ているはるみちゃんが、私が帰るまで残っていてくれた。ありがたいことである。そんなことを知った上、計算した上でわがままをしているのだろうけど、本当に人迷惑である。何よりも二人の子供にとっては、激しいエネルギーの連続である。風呂上がりを手伝って、はるみちゃんは十時半に帰っていった。三人だけとなった。

二人は寝なかった。次女が寝たかと思うと、スックと起き上がって、「ナイナイ、ナイナイ」と言っている。多分普段床に入れば玲子とべったりな次女だから、ママを探しているのだろう。いないいないと。不憫であるが、一方では、この二カ月のあいだでの心の整理があったので、私のエネルギーの中で育ててやりたい。玲子の波動の瞬間瞬間移り変わる中で育てたくないと思っていた。これでいい。これならばやり通せる。そんな感じだった。

深いやさしい愛情もあるのに、どうしようもなく乱れる時の方が多い。本当の愛はまだ知らないのだろうか。

思えば私もそうだった。付き合い始めた後、私が愛していると言っても彼女は言えなかった。言ってみてよと言っても言えなかった。彼女に会う前の私と同じであった。彼女は、愛を知らなかった時の私であった。それが今出ている。母親をやらなければならない、この大事な時に出てしまっている。愛の取り違えなんだよ。自分を愛するがあまり人を許せない。間違った自己愛の究極に陥っている。気がつかないから、さらに深みに入ってもがく。人に当たる。外が原因ではない、というのにまだまだ外の私に求める。だからこそ、チャネルなんて得意なのだろう。そこから受けたことしか信用できない。可哀相に……。人は本来、自分で考え、感じ、自らを戒めて、物事を表現するのに。

——読後の、玲子のひとりごと

子育ての大変さよりも、決定的な悲しみを私に与えた田村とやっていく自信も無くなっていた。

しかも、私のチャネル体質がさらにわざわいした。自分ではどうにもならない。確かに切れるが、その後何か他のエネルギーに影響されてどうにもならない。そしてやさしさを求める田村に、私は言いつづけていた。

「そんなに女性にやさしくしてほしいなら、聖母マリアかロボットとでも一緒に住めば。それか、自分が聖母マリアにでもなれば!!」

すべて言うことを聞けという態度はとても許せなかった。

十四日——仕事を終えて家に帰ったら、彼女は帰ってきて、黙って食事を準備していた。味気

ない夕食をとった。二人の子供を、この日に限って彼女は進んで風呂に入れた。出てきてから、まだふてくされ気味だったので、

「もっと波動を静めて、やさしくやってやってよ」と言った。さらにふてくされて、タバコを吸いに外に出た。戻った時に二人が飲み物を求めていた。ミルクを作る彼女。

「子供が可哀相だから、やさしくしてよ」と再び言う。

「やることやってればいいんでしょう！」とは彼女。

「帰ってくるなら、波動もやさしくしてやることやらなきゃ、何もならないよ」と私。

そして、寝室に二人を連れていった。俺が長女にミルクをやろうとしたら、ミルク瓶を渡さずに、長女を私の膝から取り上げて、自分の手もとにして、何回も嫌がる長女の口へ、吸い口を押しつけた。それを見ていて、俺はついにプッツンした。

「もう許せない。お前のいるところじゃない。出ていけ！」と言って、彼女に襲いかかって、髪の毛と足を掴んで持ち上げた。一度は布団に落としたけど、そのまま廊下に出て、玄関まで吊していって上がり口で叩きつけるように落とした。その瞬間すさまじい声を彼女が出した。

「キエ～！」。声が出ないよう口の横を抑える。その時、二人が同時に、「キィ～」というものすごい声で泣き始めた。追いかけて横に来ていた。その声で我に返った。あまりの声に、瞬間すまないと怯えた。

すまない。すまない。二人を両の腕に抱いてなだめた。泣きつづける二人。その前に立ちはだかって震えながら、

「暴力を振るったわね！」と言う玲子。

「愛のムチだよ」と言う私。

「出ていって！」と言う玲子。

「出ていくよ」と私。

「暴力で終わったのよ！」と言う玲子。

「君は愛を知らなすぎる」と私。

二人は、相変わらずに泣いていた。心は不思議に落ちついていた。今回は出ていかなくてはならないと思いながら、もうこれでいいと思っていた。二人がこのままでは可哀相だ。我々二人がいては、この二人に対して同じ波動で接してやれない。どっちか一方の波動のほうがいい。まだ布団の上に座って二人を抱いていた。

「出ていってよ」と言う。

「分かったよ」と言って寝室を出て、少ない自分の持ち物を袋に詰め込んだ。荷物を持って玄関へ行ったら、長女が追いかけてきて離れない。いつもとは違うのが分かるのだろう。そして、長女は私の胸の中にずっといた。

「こっちにいらっしゃい」と言って私から無理やり放す玲子。そして一言、

「これが最後よ。これから新しいお父さんになるんだからね……」

鍵を置いていけと言ったので、玄関に置いて出る。短い廊下を帰りながら私は問うた。車の中では同じように怒鳴った。

「神様、俺を引っかけたのか。罠にかけたのか。導いたならば、どうしてこんなことが起こりつづけるのか！　導いたのは、あなたではなかったのか。答えを見せてくれ。返事をしてくれ!!」

十五日――伊藤さんは、彼女からの相談の電話に、「助けることはできない。自分で抜けるしかない」と諭したと報告くださった。もう一人共通の友人、谷田さんの奥さんが、夜中二時まで、二時間も色々と話してくださったようだ。

伊藤さんといい、谷田さんといい、何とかこうして労を取ってくださっているけれども、もう私は譲らない。自由に生きて、気持ち良くなければ、もう戻ることはない。君はそう言うだろう。それでもいいけど、波動がやさしく穏やかにならなければ、もう戻ることはない。それでいいのだ。

夜電話があった。

「次女が、長女をぶつ真似をするのよね……」と、トーンを落としていきなり話した。

「そうか、俺の真似をしているのかな……。それじゃな……」と、切った。

十六日――淡々と仕事をこなした。一人になると、意外なことに何もやることがない。引かれる想いは強かった。もし縁がつながるなら今度こそ、ただこの生命のあるがままでどうなるのかという生き方に戻してみたいとだけは思っていた。夜ふたたび電話があった。

「今日、マリちゃんが、長女の名前を呼んだんだよ。お風呂を出た後、パパを探して大変なんだ。寝る時も、次女は私にくっついているけど、長女がパパを探してなかなか寝ないんだよ……」

彼女は殊勝だった。静かだった。でも俺は、

「そう、それじゃな」と昨日につづいて電話を切った。

すぐに電話がある。

「アメリカに行くんでしょう。その前に仲直りしようと思って……」

「もう俺は君のふてくされた姿を見たくない。俺がいるからそういう態度をとるならば、俺はいたくない。子供が可哀相だよ。今回は中途半端には帰らない」

不思議とみんなのことが体の中になかった。冷たいのだろうか、それとも、超越してしまっているのだろうか……。二人の子供のこともなかった。

十七日——夕べ、アメリカに行く前に仲直りしたいと言ってきたので、午後一緒に散歩してやろうと電話して、神宮の芝生で遊んだが、相変わらずふてくされの態度に変わりはなかった。何を考えているのかさすがに分からなくなってきた。そんな中で、少しずつ私の意識の中に新しい考えが浮かんできていた。

きっとすぐには直しにくいということなのだろう。私も簡単にはできなかった。私が人にやったことを、彼女が私にやって見せている。反対を見せられ、経験するカルマなのだろうと思った。気づくことはすべて、二人のあいだで解消しなければならないことだったのだろう。二人の仕組

みは、幾重にもからまって大変なことのようだった。

人にカルマあり。カルマという言葉を聞くと、前世で他人に対しておかしたネガティブな事（原因）の結果が、今生で逆体験として起こると思われがちだが、実は今の人生の中で犯した原因に対しての結果にもカルマはある。今出てきて、気づかされている。その私の心の底には、家系にあるものが延々としてつづくものもある。それは、逆体験で出る霊的なカルマに比べると、同じことを繰り返す血の因縁のカルマ。祖父母、父母、自分、子供へと、見えない糸で見事につながって、知らず知らずのあいだに、同じことを繰り返す。誰かがそれに気づいて切らないかぎり事は起こりつづける。気がついた者だけが、先祖からの因縁をも切ることができる。その因縁とは、自分が育つあいだに取り入れた家系に残る悪しき性格。感情。心の癖。嫌な部分のすべて。物事への対し方。血の因縁である。

彼女もきっと家系の中にある激しさをとり入れているのだろう。子供にやっていることは、親からやられたことなのかもしれない。私には、特に強くやろうとしている。そして、やられている私は、実は私が前の妻にやったことそのもの。君こそ私。見せ合って、直し合う二人。こうして、今世で学ぶように出会っている二人。

見事な天の配剤である。それに気がつかないあいだは右往左往していたが、今それが見えたのだから変えなければならない。

段々と明かされる我々の出会いの意味は、気がつけば解放するしかないのだよ。自分の中にある嫌な部分を昇華させて、安定した心と健康な体にならなければならない。それが本当の魂の出会い。ソウルメイトの意味なのだろう。

そんな血の因縁を出しつづければ、出された方もつらいけれども、出した本人の体に返ってくるだろう。自分の発した悪しきエネルギーによって、自分の中が壊れる。早く気がついて、平穏になることだよ。そう思えて仕方がない。

ぎくしゃくした二人のあいだで、子供たちは本当に喜んでいた。帰った時には、険しい顔つきになっていたのが、しばらく遊んでいるうちにもとに戻ってきれいになっていた。いい笑顔を持った二人である。

風呂に入れ、しばらく遊んで、九時半に布団の部屋に来たけど、二人とも喜んでいるのか、寝るどころか遊びつづける。次女が立ち上がって長女におおいかぶさる。寝かかっていた長女も遊び始める。結局二人が寝たのが十二時。そっと起きて、哺乳瓶を洗って次を用意して、この日は売れない四谷の家に帰った。そして二日後、とにもかくにもアメリカに発てた。

21

神からの返事

十月十九日――UA890便ロス行きの機上の一人となって、時間はまだ経っていなかった。静かに目を閉じて残してきた家族を思っていた。突然フラッシュバックのように、ビジョンが現れた。まさかという意外な場面を思い出していた。

それは、忘れていた遠い三十三～四年前、十七～八歳の時のこと。妹を殴っていた。顔が青く腫れ上がるほど殴っていた。妹は、一週間も外に出られなかった。

つづいて現れたビジョンは、それから二十数年後のこと。今度は、その妹の長女をも殴っていた。このまま妹の所にいてはこの子はダメになると思い、中学三年の三学期から、預かって同居し三年目くらいのこと。長女は高校二年。私は四十四歳。今からたった十年前のことである。

しかし、我が家に来ても本性が出てきて、姪っ子は荒れ始めていた。煙草は吸う。学校はさぼる。悪くなるばかりだった。言うことを聞かなくなっていた。その日、相変わらずに話しもせず、何か注意すればふてくされていた。ずっと我慢をしてきた私がついに切れた。そして殴った。

そうだった。俺は、今まで三人の女を真剣に殴っていた。それが、つづけて私を襲った。

強烈な自己嫌悪に陥った。すでに七年も、精神世界のことを学びつづけていた。分かっていた。人の心の中にある意識のレベルは、ずいぶんと学んでいた。感情・欲望レベルなど、よく分かって超えていると思っていた。それなのに、またやっていた。

さらに、何とこの一年、感情界の真っ只中にいたことに気がついた。せいぜい、精神界にいると思っていた。確かに普段はそうだ。あらゆることを基本的には、精神性で処理していた。理づめで物事も考えられた。しかし、そこに居つづけようと思っても、外からの刺激はさらに強烈だった。容赦なかった。分かっていたからこそ耐えた。しかし、我慢を超えて感情が爆発をしていた。俺はまだこの程度だった。三十三年前と、まったく同じ意識レベルだった。ショックだった。仏教でいう〈六道輪廻〉の修羅界にどっぷり浸っていたことになる。心は、人間界にもなりきっていなかったのだ。

すまないと思った。俺が悪いと思った。カルマだと思った。消し去ることもできずに、持ちつづけてきた性格。感情の癖。そこまで思えた時に、その深みが見えた。

俺は三回とも、素直にならないふてくされた女を、最後は我慢できずに殴っていた。三人とも同じ現象を俺に与えていた。俺は、ふてくされた女は大嫌いなのだと思った。世の中にあってはならない女の性なのだとも思えた。その時、さらにその深みが見えた。女は素直で男に従順であるはずだという男のエゴが見えた。男が中心で女が従だという強い想いがそこにあった。そういう時代に育ってきたともいえる。だから、俺のいうことを聞かないでふてくされる女を嫌悪した。

天上界	清らかで、明るくて、温かくて、穏やかで、個々を尊重した調和の意識界。
人間界	自制心あり、反省心あり、すべての原因は自らの中にありと自覚できてなお、頭脳と手足を有効に使える意識界。
修羅界	争いの絶えない意識界。
畜生界	本能に任せた言動の意識界。その典型が欲望にまかせた動物レベルの世界。
餓鬼界	貪りつづける意識界。物質や名誉や地位や愛など、飽きることなく求めつづける世界。
地獄界	暗くて、冷たくて、閉ざされた、頑な意識界。醜さ、汚さ、苦しさ、泣き叫び。たった一人の孤立した世界。

女は男にしたがっていればいい。男の強いエゴが、殴る奥底にあった。精神世界で学んだ男性性と女性性。分かっていると思っていたが、実生活では、どこかに吹っ飛んでいた。強い男性性の特別意識など、気づかないばかりか解放してもいなかった。

すまない。俺は強い男性性の男。女も男も同じなのだ。役目こそ違え、魂を思いやる性は同じなのだ。上も下もない、主も従もない。

ここまで見えた時、俺は決心した。もう二度と殴らない。一生、人を殴ることはしない。上だと思う意識がそうさせることに気づいたならば一切何があっても、もう殴らない。対等だという魂の公式が分かったからには、彼女のすべてを受け入れてやろう。感情で応えていたことに許しで応えよう。彼女は、俺の強い男性性に反応しているのだ。彼女は、本当は乱暴が嫌いなのだ。俺は、彼女にとっては乱暴だったのだ。

だから、反応をしつづけるのだろう。

玲子、俺はもうしない。君のすべてを受け入れつづける。男性性を取り去って、女性性を心底から学ばせていただく。気がつかせてくれて、ありがとう。

二人の子供よ、ありがとう。君たちがやってこなかったら、こんな想いを経験することもなかっただろう。君たちがやってきたから起こったけれども、君たちがいてくれたお蔭で、気がつけた。ありがとう。

神様、ありがとう。これでは、神様が現れる状態ではありませんでした。人間が自ら気づいていく、人の努力の範疇《はんちゅう》のことでした。これを乗り越えなければ、神様など現れない。神園・花園の示しは、あの部屋がそうだという意味ではなかった。心の中を、そうするようという示しだったのですね。分かりました。とにかく気づけました。答えをありがとうございました。

飛行機の中で、静かに興奮していた。ようやく、分かって、抜けた、と思った。これからの人生は女性性を学ぶのだ。それだけが二人を救うだろう。

そう、玲子は女でありながら男をやっていた。男性性そのものだった。それは、私の若い時そのものだった。俺も強い男だった。だから彼女は、対等に張ってきた。人生で初めて出会った、私を対等に扱う人間だった。それが女だった。その女が男だった。だから、ぶつかりつづけた。どちらかが女にならなければ、この関係は改善されないことを悟った。

俺は女をやる。俺は、これからの人生は女性性を学んでいく。男で生まれて女を学ぶ。陰陽のタオの心になる。これこそが、五十歳を越えてから、天が導いた新しい人生の目的なのだということに、素直に気がついた。

神に問うた最初の答えは、こうして自らの内からやってきた。そして私は、これから女性としての人生を生きると思えた時、もしかしたら、来世は女なのかもしれないと思えた。何かの都合で、五十歳を越えた男の人生の上に女を引き継がれたことになる。木に接ぎ木をするように、私は五十歳を越えて新しい人生、〝未来の女性の生〟を接ぎ木された。次の生で経験して学ぶはずのことを何かの事情で、今生で学ぶために起こされた我々の仲。私の試練。やりとげなければ、来世にはもっと厳しい現実が待ち受けているだろう。そうだ、今私は未来生を生きているのだ。

二十四日——午後三時三十分にＵＡ８９７便到着。双子誕生から起こった様々な葛藤の中から自らの変わらぬ意識レベルを悟り、心の奥に強い決心をしての帰国だったが、恐る恐る帰ってみれば彼女は、仲直りして送りだしてくれたにもかかわらず、後遺症が残っていた。彼女は、相変わらずの仏頂面。何も気を出さずに動いていた。

会話を交わそうにもその雰囲気すらない。しばらくたって、

「素直になり合おうよ」と言うも、

「素直になっていいの？　ならばあなたの髪をつかんで、玄関まで引きずっていきます。そうすれば、すっきりするけどね……」と返してきた。珍しく引きずっていた。

――玲子のひとりごと

心の内では、もっと怒っていた。玄関に叩きつけられた首は半年もむちうち症のような状態だったんだから。正直なところ骨の一本でもへし折らなければ気が済まないと思っていた。

泣いた次女に対しては、

「泣いたってどうしようもないんだからね。自分で感情を抑えることを覚えるしかないんだからね。ママはもう感情が出ないんだから。髪の毛を掴まれた後から、もうママは感情が出ないの。蝋人形と同じなの。だから何もできないの。自分で抑えるんだからね……」とやっていた。その度に私は無言で受けた。そう決心したのだ。

確かに、子供に反応しない母親を見るのは本当につらい。でも、世の中の、それはたくさんの地獄を、黙って見ている天がいる。神がいる。その心を感じ取ろうとした時、私はただ自らの心を静めるだけであった。

その無表情も、突然の発言、「十二月三十日から一月四日まで、旅行に行きます」という彼女自身の一言で、もとに戻った。

自由にやったらいい。対等に学び合えばいい。そして、責任を持って二人を育てていけたらいい。

正常に戻ってはまた逆戻りの不安定な感情がつづくが、これを私は受けつづけるのだ。そして自らの強い男の心を、受容の女の心に変えるのだ。

——玲子のひとりごと

やっと気がついたんだから、えらい！　えらい！

「ハッピー・バースデー」

十一月一日——二人の誕生日——帰国して一週間、まず私が自分のカルマを乗り越えたせいか、二人の一歳の誕生日を前にしてか、彼女の精神も安定して平穏な状態で誕生日を迎えられた。それだけで幸せだった。

二人とも、ちょっと小ぶりだったが見事に育っていた。特に私がいると二人の顔が良くなった。心がきっと安定するのだろう。

次女は本当に頭がいい。ブラシを教えればすぐ頭に持っていってブラシの真似をする。私の眼鏡を探してきて届けにくる。玲子の話では、「靴下を持ってきて」と言うと、ちゃんと揃ったものを用意するという。片方しか履いていない時には、対のものを見つけてくるという。一つ一つの反応が素晴らしい子供のようであった。

長女は本当に明るい。屈託のない、でもちょっとポカンとしたところがある子だった。顎を外しそうな口で、「あ～」って、何ともいえない可愛いため息というか自己主張をする。その時の魂が、やっぱりあっけらかんとした本当に裏のない人になるだろうと思える。二人とも特徴があって楽しみである。

普段は仲がよく、会話も進んで言葉が多かった。しかし、一度《ひとたび》欲しいものを取り合う時には、どちらかが泣くまで激しかった。双子は生まれた時から最小単位の社会を持っているから、人間関係で起こるすべてのことが二人の中で起こる。きっと、そうした環境で学び合う約束でやって来た二つの魂なのだろう。一人っ子ならば、親との関係だけで起こることも経験も違ったものになることが明白だった。

一歳の誕生日、今この二人は祝っても分からない。だから私が今日感謝をするのは、まず玲子ママ。色々とあったけれども、やっぱり玲子がいたからこそ、一年がたった。立派にやりとげた。お手柄だった。これほど家庭に向かない人が、ここまでやっている責任感を評価して感謝しなければ、罰が当たると思った。

そして、たくさんの共時性で手伝いに来るようになったはるみちゃん。あなたが現れなかったら、もっともっと我々は乱れていただろう。本当にありがとう。たくさんの共時性には、サイババが関係していた。だから、彼女をつないでくださったサイババさんにも、感謝。

二人の誕生日をはさんで、人生は目まぐるしく展開していた。私が双子育てから起こる様々なことを、とにかくにも乗り越えたからか、やつぎばやに起こってきた。

三日――自らも末期癌から生還し、ホリスティック医学の案内人となっている寺山心一翁《しんいちろう》先生が、こんな本が出ましたからと言って、『フィンドホーンの花』（日本教文社）を届けてくださった。スコットランドにある奇跡の聖地フィンドホーン。聖地を興した中心人物、アイリーン・キャディの自伝であった。

読み進めていくうちに、

「神からの返事だ！」と直感した。自分の内側からやってきた返事につづいて、外からもやってきたのだ。私は神に問うていた。答えを見せろと迫っていた。それへの見事な返事であった。このタイミングで日本語版となって出版されたのである。

それは、神が人の世の常識や法を超えていつも導きつづけているという強烈な内容であった。最初の三分の一の内容が、我々の難しい現状と同じであった。

アイリーンは家族ある身で強い男性性を持ったピーターと出会い、導かれ、子供を捨ててまで彼について行く。保守的なイギリス、ましてや軍人の家庭。三人の小さな子供。それを捨てて出ていく母親、アイリーン。それから起こる、それは過酷な試練の連続。

起こることが少々違っても、意識の大変さという点では同じように思えた。

それにしても、行き着くまでの過程の凄まじいこと。幼い子供までも捨てて出ることに対する周囲の反対やマイナスの視線の中で、やっぱり、やり通さざるをえない状況が生まれ、そして、やり通す。新たに生まれた子供たちと共に試練に立ち向かうアイリーン。幾多の試練をやり通した先に、フィンドホーンでの奇跡が起こった。それらのすべてが、実は神の導きだった。すごい神の計画であった。

私は思っていた。

――神様、あなたはここまで人間界のルールに当てはまらないことをも導くことがあるのですね……。

力づけられた。引っかけられたのかもしれない。霊界の罠にはまったのかもしれないという疑問も氷解した。そして、あらためて決心をしていた。

――私はついていきます。二度とあなたを疑うことなく、導きの中で自らを進化させます。もう二度と迷うことはありません……。

『フィンドホーンの花』は、シャーリー・マクレーンの『アウト・オン・ア・リム』につづいて、私の人生を変える大きな導きの本となった。

ありがとう、アイリーン・キャディ。迷いの中で、あなたを通して顕現した神に教えられました。この先に何が起こるか分かりません。きっと、あなたと同じ出来事ではなく、我々に必要なことが起こりながら、ゴールに向かって我々らしく導かれているのでしょう。楽しみになりました。この人生の将来にこの家族との経験が関係している。その人生にダイヤモンドそのものが関係している。そう信じてやり遂げようと思います。

そのために、あなたが神から得た言葉が、大きなヒントになるように思えます。フィンドホーン完成までのあいだ、あなたの夫ピーターが、周囲にそれはうるさく厳格に人を指導することについて問うたことへの言葉です。

「花を見なさい。秋に余計な枝を剪定《せんてい》しなければどうなりますか。枝は思いのままに伸びていくでしょう。その枝を剪定しなければ、春にきれいな花は咲きません。きれいな花を咲かせるために、余計な部分に木を延ばしてはならない。だから、人の心の余計なところも剪定しなければならないのです……」

ダイヤモンドのカットとまったく同じことを話していた。ダイヤモンドと心。心の剪定。心磨き。何かが、はっきりと見え始めた時でもあった。

神様、返事をありがとうございました。もう決して迷いません。あなたに導かれていることを確信して、まっすぐに生きつづけます。それにしても、ここまで人の道を外れてまで人を導くことがあるのですね。

人の道と天の道が、何となく見えてきた最初となりました。人の道は、人が自我を出し合って生きるために、その時々に必要となった決まり。理《ことわり》であり法であった。それらは、決して天の理や法と同じものとは限らない。人間界をその時々の権力に都合良く導く、人の都合法。なるほどね。ますます天の法則を知りたくなった。

八日――朝日新聞朝刊のスポーツ欄にも答えが来た。

未踏峰としては、世界第三位の高さを持つヒマラヤの難峰ツインズ（七三五〇メートル）に挑んでいた日本シッキム・ヒマラヤ登山隊（大滝憲司郎隊長ら八人）は、先月末、初登頂に成功した、と七日、東京の留守本部に連絡してきた。

未踏峰のツインズ。一年前の記事は、一人行方不明だった。その記事こそが、双子出産に際して自宅出産を用意していた我々に、病院行きを決断させた大事な内容だった。記事をメッセージだと思えたお蔭で、玲子は助かったと思っていた。

あれから一年。色々あった。大変だった。少なくとも二週前には気づき、二人子育ての大変さを何とか乗り越えた。そう思って迎えた誕生日。すでに現地では、私が乗り越えたと同時期に、一年前には失敗した山の登頂に成功していたのである。また現れた共時性。共にツインズを攻略していたことになる。互いに乗り越えたのだ。乗り越えたことへの、神からの重ねての答えだと、天に向かって手を合わせた。まだ答えはつづいた。

1994年（平成6年）11月8日 火曜日 朝日

未踏峰世界第3位の「ツインズ」

日本隊 登頂に成功

未踏峰としては、世界第三位の高さを持つヒマラヤの鋭峰ツインズ（七、三五〇㍍）に挑んでいた日本シッキム・ヒマラヤ登山隊（大滝憲司郎隊長ら八人）は先月末、初登頂に成功した、と七日、東京の留守本部に連絡してきた。

頂上アタックは二度行われ、まず二十九日、楢川隊員と三人のシェルパが登頂、ついで三十一日、高嶋石盛隊員と桑井一雄隊員が頂上に達した。高嶋、桑井両隊員は下山中に吹雪にあい、四日間連絡が取れなかったが、その後、無事が確認され、八日にも、ベースキャンプに下山できる見通し。楢川隊員は凍傷を負った。

ツインズは、インド領シッキムとネパールの国境にそびえる氷雪の双耳峰。戦前にドイツ隊（バウアー隊長）、一九六三年に東京農大隊（宮沢憲隊長）がそれぞれ登頂を試みたあと、政治的な理由で登山禁止になっていた。昨年秋、解禁され、明治学院大隊が挑んだが、登はんリーダーとして特別参加した東京農大山岳部監督の佐藤正倫さん（当時三〇）が七千㍍付近のクレバス（氷河の割れ目）に転落死し、登頂を断念した。

今回のパーティーは平均年齢四十四・五歳で、ヒマラヤ経験豊富な東洋大山岳部OBの大滝隊長が指揮をとった。

十五日――一日の誕生日に逆上る。突然、週刊誌『女性自身』から取材の電話があった。記事にしたい、と言う。「妻には知名度がありますが、私には社会的なニュース性がありませんから、この件何とか抑えてください」と、初めはお願いしていた。しかし、事実関係だけは確かめたいのでと取材にやって来た記者。来てしまったならば、正直に答えるしかない。真実をまっすぐに話した。

初めに、ダイヤモンドのカットを完成してから、不思議な世界に導かれるようになったこと。その世界を、霊界とか、天とか、神とかいっていること。それらの見えない力に導かれたとおりに生きつづけてきたこと。そうしたたくさんの不思議な導きの先に、今回のことが起こったこと。このことにも、ダイヤモンドの何かが関係していること。その導きの答えを探究するために、私はまっすぐにこのまま生きつづけること。だから、これから先に大きな意味や答えが現れると信じて、一生懸命に生きていくことなどを話した。

記事になるならなればいい。自然の流れにしたがえばいい。逃げることはない。「できれば書かれないほうがいいのですけれども」と付け加えて別れた。

ダイヤモンドとの関係が曖昧《あいまい》なあいだに噂が広がるとエイトスターという不思議なダイヤモンドを持ってくださった人たちや興味のある人たちに誤解されてしまうだろう。それがちょっとつらかった。本当は、もう少し後がいいのだけれども……と心で願った。

取材の時には、とりあえず今週は見送りますとおっしゃっていたが、次の週八日に電話がきた。「掲載することになりました。雑誌が出るのは、十一月十五日の火曜日です……」との言葉を聞いて、日にちだけが耳の中で大きく鳴った。分かりましたとだけ言って、後は思わず唸ってしまった。また起こった。あの十一月十五日だ。

そして、すぐに理解した。この雑誌に掲載されることは天の計らいなのだ。今だからこそ、掲載する意味があるのだろう。出ないでほしいと願っていた心に感謝が生まれた。記者にファクスを送った。

「取材の時には、いい返事を差し上げられませんでしたが、あなたも神のお遣いだということが分かりました。今回のこと、本当にありがとうございました。よろしくお願いいたします」と。

十五日当日、恐る恐る雑誌を買いにいったら、表紙にはこう書いてあった。

サイババ崩壊 有名信者に隠し子

表紙のタイトルには、我々夫婦いずれの個人名もなかったが、こともあろうにサイババの名が書かれていた。隠されていた。それにしても、サイババ崩壊とは、そりゃないよ。意外な書き方に、私のことよりサイババの機関の人たちへの迷惑が意識を占めた。

この年、六月十三日——女性棋士失踪で、突然に日本のマスコミに登場したサイババさん。肉体ではない、霊的な日本上陸であった。以来、物質化現象の真贋論争やサイババ訪問記など、マスコミが大騒ぎをして、表紙で目立たせるには最も旬の名前だったのだろう。

サイババの日本機関の責任者にお詫びの手紙を書いた。お許しが出るまでは、出入りを遠慮させていただきますと。つい三週間前には、全国大会が催され全国から千人以上の人が集まった。

その時の司会進行係をやっていたが、それがサイババへの最後のご奉公となった。以来お許しの連絡はない。それでいい。

それにしても、十一月十五日とは、いったいどういう意味なのだろうかと思いつづけた。最初は私たちがまだ出会っていない一年前のこと。彼女の前に大きな円盤が現れたという。それは、鏡を見るように同じ魂に出会う暗示であると言われていたらしい。

次の年、我々は突然に一つになった。外からの何かは分からない強い働きかけを感じ、その導きのままに一つになった。

三年目が、双子の誕生に際して、人間に現れる九の倍数のマジックで、こともあろうに、十月《とつき》十日《とうか》、二百八十八日の、天の出産予定日となっていた。

そして、四年目。週刊誌に取り上げられていた。

十一月十五日、七五三の日。また起こった三百六十五日分の一の日。何かを示している。しかし、この時には、まだ皆目見当がつかなかった。

確かなことは一つ。私はこれから女性になる。強い男が女性の性質を学ぶ。すべてを〝受容〟する。受けて受けて、受けきろうと思っていた。

22 仏の遣い――二十五観世音菩薩・三十三身の術

幾重にも神からの返事をいただき、新たな決意で共同生活に臨んだが、玲子の不安定さは決して直るものではなかった。すべてを受け止めるという決意も、時々崩れそうになる。特に、子供の面倒を放棄されるのにはこたえた。こたえるのが彼女にも分かるから、私を傷めるためにまたやるのだろう。少しずつでも刺激される私の感情。何とかこの脱出法を身につけなくてはならない。ふっと考えついたのが、すでにダイヤモンドが導いていた仏の教えだった。

そう。すでにダイヤモンドが導いていた。私はダイヤモンドに導かれて、ここまでの道を歩んできていた。しかし過ぎたことは、知識にあっても実践としては忘れていた。ダイヤモンドが示した道の七つの不思議の中に隠されていた。あれを実践しよう。

ダイヤモンドが最も美しく輝く形こそ、ラウンド・ブリリアント・カット。その形は、下側（パビリオン）に光を反射させる面の数が二十五あり、下側で反射した光をふたたび表に出す上側（クラウン）の部分の面の数が三十三面あった。ここに使われている面の数が偶然にも、仏の変身の数と同じであったばかりか、その役目も同じであった。二十五の面で反射した光が、あらゆる

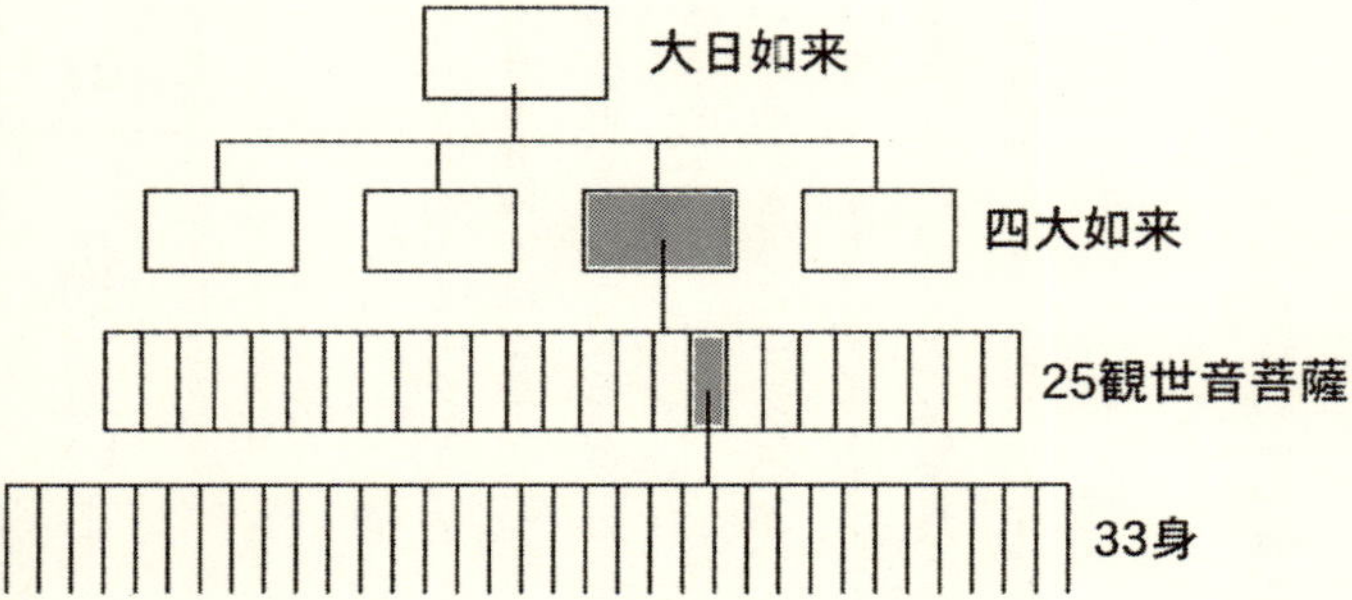

如来の変身図

角度に反射して三十三面を飛び出る時、光は美しい七色の輝きとなる。

仏の教えの中心に、大日如来がおられた。しかし、あまりにも教えが大きく難しすぎて一般の者には意味が分からない。そこで化身を東西南北の四方に作り、宇宙を治め、人を導こうとしたという。西方を治めていたのが阿弥陀如来。化身した阿弥陀如来の教えでも、一般人には難しすぎると、阿弥陀如来は二十五の観世音菩薩に変身したという。たくさんの観音菩薩の名がこうして降ろされた。それでも分からない一般の人のために、さらに二十五の観音菩薩がそれぞれに、実は観音ではなく名もない三十三身の仏となって人に気づきを与えるために、この世に降りているという。

仏教のゴールは心の完成であった。魂の完成のために、無私の心にするために、今目の前に現れる仏の化身たち。時には人を直接喜ばせたり、励ましたりする人（仏）として現れるが、多くの場合、ネガティブな感情を刺激するような役として現れる。敵対者となったり、お金を借りにきたり、借金取りになったり、彼女のように、あらゆる心を刺激する形となって、目の前に現れ出てくるという。

その時、自分の心の中で動くネガティブな感情こそ、心の完成のためには取り除かなければならないエネルギー。それに気づかずに感情的になる人（魂）には、何回も何回も同じことが起こされて、気づくのを待つという。それら気づきのための役が、三十三身に名もなく変身した、仏の仕事だという。

実は、外から刺激されて自らの心に湧き上がるマイナス感情は、魂の完成には邪魔なのである。しかし、外から刺激されなければ、そのエネルギーがあることが分からない。だから、外からの刺激がありつづけるのだという。なくなるまでありつづける。反応してしまうということは自らの心の中に、澄んでいると思っていた心の底に、こびりついて淀んでいた汚れがあるということである。

そう、魂の進化、澄んだ心にするために、今彼女は、私の中の心の汚れ、淀んでいる心の汚れを明かすために、刺激して気づかせるために現れた仏の化身。だから彼女は年中イライラして刺激するのだ。そして、私の心の底に沈んでいたネガティブなエネルギーを明かすのだ。嫌な感情を刺激し合わない関係は、魂の進化の道からは外れた関係なのだ。最初の頃、彼女が言っていた。アダムスキーの言葉である。「魂の進化を遅らせるのは安定だ」と。確かにそうだ。

彼女はまさしく、徹底的に、私のあらゆる心を刺激する仏の化身なのだ。そして、私は私で、彼女を刺激する仏の化身。だから、ソウルメイト、魂の仲間なのだ。

私は決心した。すべてを受け入れてなお、喜びをもってやりとげよう。どんな言動も何事も許そう。私の感情を刺激するのは、私の中にまだ反応する同じ感情が残っていることを教えてくれる仏としての彼女の行為なのだと。だから、感謝するのだと。言葉では盛んに聞いていた感謝、確かに、ネガティブな感情がただなくなるのでは、マイナスがなくなってゼロになっただけ。心で思ったり、感情として表に出してしまったマイナス分、ゼロになっただけでプラス側の感情には決してなってはいない。

イエスは許せと言った。許しはゼロにするだけだ。仏陀は感謝だと言った。許すよりも進んでいた。感謝こそ確かにプラス側の感情であった。

チャンスはすぐにやってきた。反抗はしなかった。そして、心の中で手を合わせて仏からの刺激を感謝していた。私はネガティブに反応する人間をやめるのだ。

彼女は、激しく感情を出していた頃の私なのだ。彼女は、私の心の鏡なのだ。私の中にある感情を見せてくれる目の前の鏡なのだ。

そして、私は女性性を学んでいる気持ちをさらに強くしていった。女性性の最初は、すべてを受け入れる訓練であった。乱れた外からの感情も受け入れようと努力した。本来は女性がやるべきだと、男性性が強い時に思っていた家の中のことをも進んで、感謝してやろうと決心した。それはたくさんあった。炊事、洗濯、乾燥に整理整頓。もろもろのことすべて。とにかく、私は決心して生まれ変わろうとしていた。そして、私が生まれ変われば、彼女が次には変わっていけると心底思い始めていた。

年末年始は、宣言したとおりにどこに行くとも言わずに、彼女は海外旅行に出掛けて行った。一人で面倒を見る二人の生活は、昼夜大変なものであった。五十三歳を一カ月前にしてのこと。こんな人生や年末年始の過ごし方が用意されていたとは、考えもしないことであった。しかし、二十五菩薩三十三観音の教えを取り入れた私の心には、新しい感じ方が湧いてきていた。

彼女は、去年一人でやったのである。その経験を私にさせようと旅に出たのだ。年末年始を特別な日々にする暇もないほどに忙しい双子の育児の大変さを気づかせられて、心から彼女に感謝していた。

23

ええ、ないって？
——三子妊娠・出産

一日一日がとても早かった。玲子のプッツンは瞬間に起こりつづけた。たった一言、「うまい味噌汁が飲みたいなぁ」と言っただけで、「もう私は作りません……」と投げた。何日も何日も、彼女が作っていた味噌汁。一度もうまい味には出合ってはいなかった。そんな頑張りを私は何気なく刺激してしまったというわけである。

しかし彼女の反応は、いきなり決定的なものになる。公私両面での頑張りに、体はクタクタ。私の心はどうしていいか分からない子羊状態の二月の後半のこと。二人は、一歳と四カ月を迎えようとしていた。いつも、意外なことは突然やって来る。

「妊娠したみたいなの」

そんな筈はないし、冗談の会話だった。

「お前は良くできるなぁ。子供を作るために生まれたんじゃないの……」

「本当よね。まるで犬みたい……」

「今の女性は、たった一人でも嫌がるというのに……」

「だって、可哀相じゃない……」

と、いとも簡単に言っていた。可哀相だから、妊娠したら産むという平然とした感じである。本当にこのままなら、何十人でも産みそうである。まったく特異な人である。


三月三日――雛祭の夜中だった。不規則な睡眠時間で、次女は十時すぎの就寝。長女は、十二時と二度に別れての寝かせつけを終えて居間に戻ったら、

「検査したら間違いないのよ……」との報告があった。

思わずズシンと、重りが心に降りて反応できなかった。

「ねぇ、何か言ってよ……」

呆然として一言も発することもできず座っていた。考えが整理できなかった。大変な一年と四カ月がようやく過ぎようとしていた。これから少しは楽になるだろうと思っていた矢先である。この大変さに、もう一人加わり、もう一度同じことをやるのかと思ったら、気が抜けてしまっていた。

私に比べて、彼女はとにかく饒舌だった。黙って座り込んでいる私に、

「ひどいじゃない。可哀相じゃない。前の時はすごく喜んだのに……」とつめてくる。

「ちょっと待てよ。つめてくるなよ……。色々考えてるんだから……」と言いながらも、確かに初めの時とは私の反応も違っていた。誕生した後の現実的な場面ばかりが頭に浮かんでいた。つ

わりがくるだろう。ますます機嫌が悪くなるだろう。食事も作らないだろう。掃除洗濯はもとより、ますます負担が大きくなる。どうするというのか……。

「私だって、大変なのは同じよ」

口論することではない。何はともあれ、

「ありがたく、受けさせていただきますよ……。やらせていただきますよ……」

変な返答となった。

「さぁ、最後の一本を吸おう……」

と、たばこを吸いに外に出た彼女。戻って歯を磨いた後、手持ちの煙草をすべてごみ箱に捨てていた。満々の覚悟というか、確信というか、決心の現れだった。

そのまま静かに床についた。考えていた。そんなわけはない。あれは一月二十八日。月のものが終わって六日後の夜だった。大学の時から先輩に教えてもらっていた、終わってからの一週間と前一週間は大丈夫の範囲に入る。絶対安全な日の筈であった。まさかと思っていた。そんなことが起こるのだろうか。

次の日出社して、お客様の産婦人科医に電話をしてみて驚いた。

「田村さん、精子は女性の体内で三日から五日、長い時には一週間も生きているんですよ……」

こりゃ、間違いない。六日間はその圏内だったのかと思いながら、一つの点が前向きに結びついていった。

――一月二十八日プラス三日生きた後だとすると、三十一日か……だとすると受胎は、私の本当の誕生日になり、四日だとすると二月一日の戸籍上の誕生日になる。そりゃ、またできすぎなストーリーだぜ。また起こった。

さらに大雑把に頭の中で計算したら、予定日が、どうも十月二十日前後になる。一つの点が、私の誕生日に結びついて、もう一つの点が彼女の誕生日にまで延びていた。神様、こんなこと、誰が計算してやっているのですか？　何の目的でですか？

正式な検診の結果、予定日は十月二十四日となった。私は、十月二十日の彼女の誕生日に出産されるだろうと密かに思っていた。

次の日の会話。

「いよいよ、前からの予定の男の子が来るのかねぇ……」と聞けば、

「夕べ赤ちゃんにコンタクトとしてみたら、まだ何もなくて水藻みたいなのよ。二人の時には、ボクの子って気がしたけど、今度のは私の子って気がするのよね……」

「まだあの男の子とは、はっきりしていないみたいで、四～五人の候補があるんだって。こっちの状態で決まるらしいんだ……」

本当に、今どき変わった女である。

六月の初め、お客様から、死産や無脳症の子を産んだという手紙が、何の脈絡もなく届いた。我が方の体内には、今妊娠五カ月の胎児があった。何かを示唆されていると思って羊水検査をするように頼んだ。

医学の進歩は確かにすごい。羊水検査をするだけで、遺伝子の異常が分かるという。勿論、男女の区別など簡単らしい。羊水の中に、すべての情報が含まれているという。日本ではその時、慈恵医大でしか行っていなかった。アメリカに送って検査するために、二週間かかった。結果は、異常なし。男女の区別は、普段は教えないという。それは、堕胎の対象になってしまうからとのこと。なるほどね、また女か……、また男か……、という子だくさんの世界が見えた。事情を話してようやく聞き出した返事は、男の子であった。

七月に入って、突然彼女が言った。

「最初に予定されていた男の子じゃないんだって。彼が来ていたんだけど、もっとぴったりの魂がやってきて、はじいて入ったんだって……。男の子は、他に入ったから大丈夫だって……」

八カ月が過ぎた八月の終わりのこと。それまで上からのメッセージで、もう一度共時性があるから、病院選びは待つようにと言われていたのだが、あまりの大きなお腹に心配になって、近くの産婦人科に診察に行ったが、

「あなた本当に大都会の真ん中に住んでいる人なの？　うちではあなたのことは診察も致しませ

ん……」と、怒られて帰ってきた。最初の妊娠検査以後、一度もどこにも検診に行っていなかった。それを怒られたらしい。当院での出産など、もってのほかということである。呑気といえば、呑気である。

——玲子のひとりごと

呑気なんじゃなかったの。病院が決まらないというう私に、たった一言声があったのよ。「シンクロニシティーがあるので、もうしばらくお待ちください……」と。でも、もうしばらくが、何カ月もかかったというわけ。

——私のひとりごと

私も急がせなかったという点では呑気だったけれども、男は分からない。それにしても、チャネル体質は、こういう時には便利だねぇ……。

九カ月目の九月に入っても、まだ病院が決まっていなかった。暑い日、二歳になる少し前の二人の子供の手を引いて、電車とバスを乗り継いで小一時間かけて、行ったこともない目黒区民プールに行ったという。なぜか、この日はそこに行きたかったらしい。三組の親子しかいなかった。その一組のお母さんが、「もうそろそろですね！」と声をかけて来た。まさか、こんな状況で、この人がメッセンジャーであるはずがないと思いながら、

「どちらでお子さんをお産みになったんですか？」と聞いたそうだ。

「片桐助産院です」。

「え？　海老名のですか？」

来た！　と思ったらしい。半年前、友人の水中出産にすでに立ち合っていた。その時思ってはいたらしい。「次に出産する時には、ここにしたい」と。しかし、共時性がなかった。天と一つになって生きていた彼女にはとっては、前回がすごい共時性で助けられていたから、余計にイライラしながらも待っていたらしい。とにかく前回といえ、ギリギリまで示しは来ない。そこまで、待つことを試されているのだろうか。

臨月に入っての九月二十五日——水中出産にすると言って、神奈川県海老名市の片桐産院に初めて診察に行って帰ってきた。ようやく落ち着いた様子だった。

片桐先生は、エネルギーの世界を理解した助産婦で、エイトスター・ダイヤモンドをすでに購入してくださっていた。以後出産の折には必ず身につけて、赤ちゃんを取り上げているという。中庸で穏やかなダイヤモンドのエネルギーに包まれて、赤ちゃんもきっと穏やかなエネルギーの中で誕生することだろう。

胎児の結果は、順調だとのこと。

間違いないだろうと確信していた玲子の誕生日十月二十日には、陣痛は起こらなかった。彼女がどこかで聞いたことがあるらしいことを信じていた。

「母親と同じ日に出産すると、母親が危ないんだって……」

そのせいなのかどうか、とにかく突然陣痛が始まったのは、十月二十三日の午後十一時過ぎ。慌てて、一時間かかる海老名まで車を飛ばす。途中、警察に検問されるも、すぐ生まれちゃうんで頼みますと許してもらって、産院到着二十四日午前〇時十五分。

すぐに、大きなプールのような風呂に入った。体温よりもちょっとぬるめ、筋肉が緊張を解く程度の温度にして、さらに、ちょうど汗くらいの塩水にしているという。

天使に言われたからと、四隅にろうそくを灯して、いよいよ入浴（?）。車の中で踏ん張りながら我慢していたからか、意外と早そうだ。片桐先生も水着を着て一緒に入っている。左手を生まれてくる出口に、右手では玲子の背中をさすっている。ただそれだけ。静かである。あの、病院の手術室とは天国と地獄。ろうそくの灯のせいもあるのだろう、厳粛な空気が流れていく。あらゆることが自然に流れる。急かせることもいきむこともない。温水に入って筋肉が弛緩しているのか、痛がる度合いもずっと少ない。風呂の淵に胸をもたれて、四つんばいの恰好になって時を待っている。ただただ、自然に時が流れる。

穏やかな中に、彼女の声だけが響く。

「痛い」とか、「大丈夫ですか?」とか、「まだですか?」とか。それに対して、片桐先生は、落ちついたもの。

「もうすぐもうすぐ」「大丈夫よ……」「ほら、出てくるわよ……」と、相変わらずの雰囲気。私と連れていった長女は、一番離れた端で見つめていた。

「出てきましたよ」と、片桐さんが左手で頭を抑えている。右手は、背中をさすりつづけている。「今よ……」と、ちょっといきんだらしい。顔が出ていた。お尻の穴から、大きな顔だけが出てきているという感じだった。子宮の中に比べてまぶしいのか、まだ見えない目をパチパチさせながら首を左右に振っている。片桐さんは何もしない。ただただ、静かに左手を注意深く頭の下に当てながら、次の時を待っている。すべてが、生まれてくる子供任せなのである。

何と自然なのか……。その流れるようなゆったりとした時の経過に感激していた。そして、さらにびっくりしたことが次に起こった。生まれ来る子供が、自ら体をひねり始めた。肩が抜けないなんて聞いていたけど、自然に体を回して出てくる。何もかも、自分でやっているのだ。こんな出産があるのだ。両肩が出た後は本当にすっぽんという感じで、男の子が生まれた。まだすべては水の中であった。大丈夫なんだろうかという不安にも関係なく、水の中でそのまきれいに洗われている。実に合理的である。羊水から、水の中。産道を通っただけで、同じ環境にいるのだ。まだ肺呼吸はしていない。肺呼吸まで、ゆっくりとした時がある。荒々しい雰囲気は何もない。激しい音も動きもない。そこには、本当の生命誕生の雰囲気が満ちていた。余裕という時が支配していた。

すべてが整って初めて、空気に触れさせた。玲子に抱かれた子供は、ゲボッと自然に一回水を吐いて呼吸を始めた。何という荘厳さ。何という出産。そのままに、母と子は風呂に入ったままに交流していた。胎盤が自然に出てくるまで、そのままにしているのだ。十三分後、胎盤が子宮から放れたところで臍の緒を切った。初めてここで母子は離れて、たった十五分後、ふたたび一つの布団に横になっていた。

彼はきっと、この世に生まれるに際して何も恐れずに生まれたのだろう。自分の意志で生まれてきた。こうして本来、ずっと人類は引き継がれてきたのだろう。今地上に、これ以上の自然な方法はないのではないだろうか。海の中での出産もあるらしいが同じこと。本当に、素晴らしい出産に立ち会うことができた。ありがとう、玲子。そして、誕生の子よ……。三七八十グラムの元気な子だった。

名前は、ご縁があった美輪明宏さんが、熱心に考えてくださった。

「田村に対しては、四画一字の名前が最高になるのよ。例えば、公とかね。後は任せるから考えてね……」

私の信じていた姓名判断の字画とは、違う派の鑑定の仕方だったが、ここは美輪さんに任せて、四画一字の名前に決めさせていただいた。

静かで穏やかな子だった。水中出産した子特有の安定感を持っていた。前の二人と比較しても出産風景と同じで、天と地の違いがあった。すでに、出産の時に取り込んでしまう精神状態なのだろうか……。

三カ月が経って、名前と本人との相性を、呼ぶことによって試してみた。候補に上がっていた六つばかりの名前を呼んでみたが、ぴったりするものはない。すでに、決めた名前そのものになっていた。そして、まさしく玲子用の子だった。彼女の母性を初めて開かせた子だった。親と子供にも相性があることを実感していた。そういう組み合わせの魂が、きっと意味あってやってくるのだろう。

現在五歳を過ぎて、エネルギー的にいえば大変に面白い子でもある。どんな荒々しいエネルギーも弱々しいエネルギーも、いとも簡単に吸収したり、抜いたりしてしまうエネルギーの子らしい。さらに、どんな人生を歩むのかは分からないが、手相的にはこじきか、大成功かという、両手共に深い完全なますかけ（百握り）、を持っている。

有名な手相観の人に会った時、

「あ〜ら、社長さん、ようこそ……」と言われていたっけ。

顔といえば、私好みのいい顔になってきた。私自身が自分の顔でこの部分が、こうだったら良かったのになぁと思っていたとおりの顔となって元気に育っている。

どんな役回りをするのか分からないが、またまた起こった偶然から誕生した彼。いったいどこまで私は人生を共にしてやれるのだろうか……。

しかし、五十四歳から始まった三人の子育ては、一段と忙しく目まぐるしく、そして、激しくもなっていくのであった。

——玲子のひとりごと

本当は名前をつけたくなかった。赤ちゃんは、名前をつけたらそのエネルギーに限定される。赤ちゃんがその時その時に発するものを、音に変えて呼んであげた方がもっと自然なのに……。だから今も私は長男をいろんな名前で呼ぶ。

——私のひとりごと

本当に変わっている人だ。しかし、こう言われてみると、それもそうだなぁと思える私も相当変わり者かもしれない。

24

天が動いて、二人は保育園へ

三人になったら、とても一人では面倒を見切れないと、妊娠が決まってすぐ、一〇四番で調べた近くの保育園に入園すべく行ってみた。いっぱいで入れないという。がっかりしていたところ、これでもかという三回の示しがあって、やっぱりこの保育園だと区役所に申し込んでいた。しかし、ずっと空きがない。六カ月の申込みの期限が終わろうとした九月、長男が誕生する一カ月前に、突然に区役所から電話があった。引っ越した人が一人出たので一人だけ受け入れられるという。

天が動いたと思った。何よりもすごかったのは、その保育園の食事が自然食の素晴らしいものであること。これは、我が家の子供たちにとっては天の恵みである。結局、数週間ずれて、二人とも入園できるようになった。こうしてとにかく、彼女は朝から夕方五時までは、一人だけを面倒みるだけで良くなった。

さて、二人にとっての新しい社会経験といえば、忘れられないことが一つあった。通い始めて三カ月が経った頃、保育園に行くことを拒むほどに泣くようになった。長男も生まれ、とにかく一刻も早く園に送るのが、朝の慌ただしい中での必要事。食事に着替えに大騒ぎ。そのうち起きては泣き、着替えては泣き、家を出ては泣き、保育園に着けば泣く。さらに、別れるのが大変で大泣きの毎日になった。保育園に送るのは知人が手伝ってくれていたが、そんな話を聞くだけでたまらない。いや、私が出社するために家を出るまでにも、すでに泣いていてたまらないのである。理由が分からない。遠い昔のこと。私は幼稚園に三日行って止めたそうだ。私の血を引いてしまったのだろうかと一瞬思うほどひどかった。しかも二人。思いあぐねて、玲子に相談する。

「チャネルして天に聞いてよ。このままじゃ可哀相だよ。おかしくなっちゃうよ」

その夜簡単に、天から返事がやってきた。

「『朝起きたら布団の中で遊びなさい。着替えも布団の中でやるように……。そして、ゆっくり時間をかけるように……』だって。それを言われて考えたのよ。〝幼児時間にしなさい〟という意味なの。私たち、大人の時間で物事を進めていた。それに対しての抵抗だったのよ……」

次の日から、そのとおりにした。布団でプロレスをして、着替えさせ、馬になって居間まで運んだ。機嫌は確かにすこぶるいい。

「保育園だよ」と言うと、喜んで玄関に出た。もう泣かない。保育園での別れでも、決して泣かなくなったと言う。

学んでいた。大人のペースで考えて、起きてから保育園に着くまで、三〜四十分でやりつづけていた。子供の意識はついて来られなかったのである。次から次へと、場面が変わってしまう。一つ一つを納得していないから、その都度泣いていた。幼児時間の大切さと、人それぞれが持つペースの大切さを教えられることになった。それ以来、一度も愚図ることなく、登園をしつづけた。大したメッセージであった。

二人については、もう一つ特筆すべき天の助けがあった。幼児とはいえ、服装代が大変である。子供服といえども高価なものだ。そんな折、聖母病院の双子会と、全国のツイン・マザーズクラブでの、〝お古譲ります〟に応募した。時がずれていたにもかかわらず、それぞれひとかたずつの縁ができた。遠い名古屋の方は、その後相手が分かってびっくりした。ソニー製品を販売する会社を経営していた時、名古屋営業所の事務員として働いていたことがある奥様であった。縁は、見えない糸でつながっていたことになる。

もうひとかたは東京の人だったが、送られてきた洋服の名前の前に一人はシュ、もう一人は後ろにオンを加えれば、そのまま使える双子からの贈り物であった。偶然がないとすると、これも明らかに天の応援の賜物と、おふたかたと天に感謝の手を合わせた。二歳すぎてからのほとんどの洋服は、おふたかたからのものばかり。どんなに助かったか……。見えないエネルギーは、いつも何があっても離れずに、応援してくださり、強い励みとなっていた。

25　人は、鏡

自然とたくさんの人たちに知られるようになった。『週間女性』に掲載されることによってそれは加速していった。その度に、人々の色々な反応に接して、なるほどと得心することがあった。学びつづけていた人間の意識の深層にあてはめた時、それらの反応はまさしくその人の意識レベルの表現だった。外からの情報によって、心の状態そのままに人は反応していた。この場合には私が鏡だった。人の心の中を映す鏡。たくさんの反応を観て、まるで私は心のリトマス試験紙のようだと思っていた。

私の話を聞いて、話の途中で不快感を示していきなり席を立つ人がいた。信用していた私がまさか新しい女性と生活しているとはということであろう。もちろん二度と現れなかった。どうして人はそんな反応をするのだろう。

人の道に外れたことをしたからだろうか。常識や人の法を守らない人を、目の前に見たからだろうか。きっとそういう人は、この世の法をそれは正しく守って生きている人なのだろう。教えられたり、覚えたりしたとおりに……。それは、私のほんの数年前までの心でもあった。それにしても、どうして人はそんな反応をするのだろうか……。

反対に、それはそれは喜んで、「おめでとうございます」とさえ言う人もいた。以後も変わらぬ理解者になって、ことあるごとに応援してくださる。何事にも変わらぬ温かさの人もあった。

どうして、そんな反応ができるのだろうか。同じ人間なのに……どうして？

人の心には、何層にも分かれた意識レベルがあるという。霊的な世界の探究や精神世界の学びの中で、人は意識の深層に向かって進化していくものであることを知った。この進化に向かい始める時こそ、外から内へのターニング・ポイント。外に起こった不思議世界や霊的な世界を楽しむことから、内なる心の精神世界への旅の始まりとなる。

霊的な人生が開けるとまず学べるのが、人は肉体そのもので生きているのではないということだった。もし肉体そのものがすべてを司っているならば、決して死ぬことはない。しかし、肉体そのものが生きているのではない。証拠は、死んで横たわっていればそっくり肉体はあるからだ。その瞬間まで元気に動いていたのに決して動かない。ということは動かしていたものがあるということである。

そこに魂があるという劇的な新しい価値観が、霊的な入口での学びだった。肉体は見えない魂によって生かされている魂の入れ物であり、乗り物。あるいは、生命の乗り物、気（エネルギー）の乗り物、といってもよかった。

その次に学んだのが、肉体と魂の他にもう一つ加わった、人間が三位一体の生き物であるという考えであった。

〈肉体と心と魂〉とか、〈肉体と感情、欲望体と精神体〉とか、〈肉体と魂と霊〉とか言い方は違うが、同じことを言っていた。初めはまったく区別がつかなかったが、次第に自らの意識の中で明確になっていった。私が感情、欲望を抑えるきっかけになった一つが、この考え方であった。肉体と内なる中心の霊との二つのあいだに、新しく感情、欲望体という別の仮想の体を意識として取り入れる考えであった。サイババは、それらを〝サル〟に例え、猿が暴れるのを抑えるようにと教えていた。

肉体はその表現体。ならば、肉体とは別物のこの仮想の〝体〟を静めればいい。その猿、感情や欲望が強く出てきた時、

「おい、お前が出っ張っていると、不都合だから引っ込んでいてくれよ」とか、

「どうして起き上がって来るんだ。何が欲しいんだ。あげるから静まれよ……」などと言って、客観視してしまう。ただ、そう思ったりするだけでずいぶんと静まった。

また、一呼吸おきさえすれば、さらに深い意識レベルのエネルギーが、もっと深い内側から自然と静めることもあった。

さらに、意識世界の探究が進んでいくと、それらの感情や欲望がなぜ起こって来るのかが、おぼろげながらに分かってくるようになった。外に反応する心の源である。

感情、欲望を刺激する大元の原因が心の奥底に眠っている。いや、分かっていながら正直になれずにしまい込んでいる。外に対してネガティブに反応する人には、そう反応する逆の体験があることが多かった。私に反発する人の人生には、私と同じことをやったかやられたか、または身近で起こったかのいずれかで、当事者になったことがある人が多いのだ。表面に現れる感情や欲望よりも、それを産み出す原因がある。もしなければ反応はしない。人に言えないで閉じ込められている、頑《かたく》なしこり。正直にならないかぎり、解放されることは決してない。そんな人に限って人を責める。

今生での経験で取り込んだものでないとすると、前世で解放されなかった意識ということになる。自分の人生で突然に起こって分かったのは、人類発祥以来、男と女しかいない。ある時は男。ある時は女。何十回の転生のあいだ起こしたであろう愛憎劇。その時に取り込んだ感情のしこり。解放されずに受け継がれて今がある。いずれにしても、どこかで取り込んで持ちつづけているしこり。それが、表面の感情として突然に現れる。

しかし、ここは現世の段階に留めておこう。生まれてから身につけ、心に沈殿させている自らを縛る常識や癖の大元。それが分かれば、もっともっと人は進化して調和の人となる。分かってみれば、愛の不足から起こったことが心の中心にあった。私もかってそうだった。愛のない言動がつくる心のしこり。愛が分からないから愛で応えられない。愛が分からないのだから、愛の対局にある恐れとか不安からすべてが発してくる。外に出す感情の奥底を正直に見つめれば、そこには嫉妬や羨望さえが心の奥底に見えてくる。許せない経験が見えてくる。

人の意識をさらに細分化できるようになると、もっとそれらは具体的になってくる。色々な分け方があるようだが、ここではインドを発祥として密教に伝わる分け方にあてはめて、起こってくることを観察して納得していた。それは、人を七段階のエネルギーレベルとして分けていた。この七つにあてはめると、あらゆる人の現在の意識レベルが見えてきた。人は、それらの意識レベルの表現体となっていた。

肉体――あくまでも物質。物質そのものにも、大小強弱あり。以下の意識レベルのそれぞれの時も状態の物質界での表現体。最も荒々しいエネルギー・レベル。

幽体――以下の意識レベルの、非物質としての表現体。ガス状のもの。時々、幽体がこの世に物質化して幽霊となる。

感情・欲望体（アストラル体）――ポジティブなエネルギー側はよりよい人生のためにも必要不可欠な感覚領域だが、ネガティブなエネルー側はすべての対立、分離別離のもと。心の奥底には、様々な感情や欲望が潜んでいた。その感情のままに人は肉体で反応を繰り返す。どうして浮き上がるかなど、決して原因を探ろうともしないままに……。だから何度も同じことを繰り返し、対立し、別離する。自己中心的な比較や争いの世界の源。

精神体（メンタル体）――感情的になったり、欲望に翻弄される段階を超えて、すべてを理性で冷静に片づけるレベル。人の道である。すべてを理屈で解決しようとする段階。霊的な世界が目覚めていない意識にとっては、まさに理を振りかざす三次元世界で最も進化した人の姿だと思われている。しかし精神レベルは、まだ強い自我の領域。自我、理性の中枢体。

霊体（スピリチャル体）――まさか人が霊的な存在だったとはと、三次元のすべてから、見えない四次元へと進化していく最初のレベル。そう、偶然は一つもないのだ。すべては必然で起こってくる。ならば、どうして起こってくるのかの意味を探究するレベル。外に対していた意識が、自らの内に向かい始める。進化である。だから、すべてのことを受け入れられる意識レベル。許しの世界の始まり。

宇宙体（コスモス体）――この世の意識を超えて、すべてを宇宙レベルで考えられるようになる。太陽を中心に、星々まで一つ一つが完全調和して存在する世界。完全調和とは、絶妙な間隔があってのこと。一つになることではない。互いのエネルギー・レベルには立ち入らず、近づきすぎず、遠からず、絶妙な距離を持って一人一人存在することが理解できる意識のレベル。すべてのことが、許しを超えて感謝の対象となり始める。

統一体（ニールヴァナ体）――すべてのものが私であり、あなたである。宇宙であり、神である。自他一体になりきった世界。だから世界のすべてが自らの中にある。肉親すらも、特別な存在ではなくなって、すべてと同じ一つ。愛のエネルギー領域。楽である。心は静かで澄んでいる。世界中の人がこの意識を理解した時、世界は調和と愛だけになる。究極の体験は、三次元の物がすべて（体、五感、時空など）が〈無〉になることだろう。般若心経の、〈空〉の世界。想いだけがある。


こんな意識の深層にあてはめて、私は思っていた。反感を持つ人には、無言で語りかけていた。

「今の私はあなたの心の鏡です。その感情はあなたの中にあるもので、私が外から刺激することによって今湧き上がりました。気づいてください。自らの心の内からどうして湧いてくるのか、どのような原因からその心が現れるのか、気づいて解放してください。私はあなたの心を映す鏡です」

宇宙的に反応する人には、

「あなたの反応は私の憧れです。私の心の中にもある想いです。あなたは私の心の鏡です。私もそこまでついていきます。掘り下げていきます……」

——感情的に反応する人がいた。
理屈の世界で反応する人がいた。
宇宙的な反応をする人がいた。
温かい心のままに、応援してくださる人がいた。
私は、あなたの心の鏡。
あなたは、私の心の鏡。
人は、互いの鏡。

26
嵐——I

こうしたあいだにも、心の奥底に取り入れた亡霊は、突然に現れていた。特に少し戻って、長男の妊娠が確認された頃からは、彼女の感情の起伏はますます激しく深くなっていった。

この一秒、何をやっても過ぎていくのなら、せめて自らの精神力で心を静め、過ごしていくことの方が、我々の求める一番大事な過ごし方のはずなのに……。

そして、大泣きした後、

「気がついたの！」と言って話し始めた。

「私が何回も死にたくなる理由。新しい生命に対して、異常な関心があったわけが分かったわ。私は、ママのお腹にいる時に喜ばれていなかったの。おろすとかなんとか。今までどうして死にたくなっていたのか、生命に強い関心があったか、それは胎内での経験が起こしているって……」

「すごいじゃないか。すべてはそこに起因していたと気づけたんだから、そういう環境を与えてくれた両親に感謝だね……」

自ら閉じ込めた感情の奥底の一つにタッチしたのだろうか。その悲しみが、強い自己主張になって自らの存在を示しつづける。しかしまず、とりあえず自らの生死や喜んで妊娠を受け入れる心への回答を受け取ったようだった。

少しずつ、さらに激しくなる彼女の乱《らん》。普段の、天使かと思えるほどに軽くてやさしい人とはまるで変わってしまう。こんな乱れたエネルギーの中で育まれている胎児は、大丈夫なのだろうかと心配するほどに乱れた。一歳半の二人をも前にして、それは起こる。起こったら最後、何もしなくなる。

三月の後半からは、ひっきりなしに起こるようになった。法則は何もなかった。気分が悪ければ出ていって帰ってこない。帰ってくればまた荒れる。罵詈雑言の言い放題。彼女の言葉の中で、私は世界中の男の中の最低な男になり下がる。

「車の窓が割られたのは示しよ。私の心は割れた窓と同じ、コナゴナなの……」と。

夜中に駐車場に止めていた車の窓が破られて、中のものを盗まれた。車上荒らしである。それを例えに責めてくる。何回も何回も、あることないこと、よくも一緒に生活している者にこれだけのことが言えるものだと思えるほどに激しい。

彼女のエネルギーにこれ以上左右されたくないと、気を出さずに最小限に応える。そして、三十分くらいだったろうか、

「これで許すけど……」と言って納まる。

この前は胎児の時の気づきで、今回は言いたいことを徹底的に言って終わった。いったいどうなっているのか……。男の私にはまったく分からない。

それにしてもいったいどこからやってくるのだろう？　あの激しさは……。


四月になっても不安定な感情だった。

「こんな小さな家にいたら息がつまるのよ……。一人になりたいの」と言って家を出る。部屋を借りるともいう。一言一言を真っ正直に受け取ってしまう私の魂は、その度にどうしていいか分からなくて苦しむ。エネルギーがバラバラになる。どうにかしてください、神様……と願うが、何も起こらない。

何か切れる法則があるのかと思えども、まったく見当がつかなかった。自分で話したことをキッカケとして、突然に思いついたように乱れることもあった。家に帰るのを躊躇し始めた。家の中で、彼女の中で何が起こっているのか分からない。少しずつ私の中に、彼女に対する恐れが芽生えた。でも帰らないわけにはいかない。私の修行の場なのだ。だからと思っても、この頃初めて、この出会いに後悔していた。神の導きだと納得して日々を過ごしていたが、あまりのつらさに初めて悔いた。


毎月のように突然に何の前触れもなく大きな嵐がやってきた。起こったら最後、言うこともやることもメチャクチャ。前の私ならば、間違いなく殴っていただろう。しかし、私は決心したのだ。ただただ受け入れるのだ。挙げ句の果てに、捨てぜりふがあった。

「妊娠したことのない者には分からないのよ……」

確かにそうだ。これが妊娠時の不安定な精神なのかもしれないと納得するだけ。でも起こる度に、もういい加減にしてほしいと思った。いくら慣れたとはいえ、神様、もういい加減にしてくださいと願った。


落ちついた時の私の心の内では、彼女の乱れは私の何かに対しての神の現れなのだと心底思いつづけていた。

私の心の中からネガティブ・エネルギーがなくなるまで、彼女は私を刺激しつづける。私が感じてしまう彼女のネガティブ・エネルギーは、結局は私の中にあることを示すための私の鏡なのだ。ということは、こうしてあくまでも勝手な感じで突然に起こってくるこのエネルギーも、私の中にあるものを気づかせようとしている神の現れ。ならばどんなことでも、すでに学びなのだというレベルを受け入れてしまった私にとっては、まさしく神の現れなのだと感謝するのみ……。つらいけど、自分の求めた魂の昇華までやり遂げる。


そして、ただ三人の魂が傷つかずに育ってほしいと願った。

ダイヤモンドさん、子供たちのエネルギーを守ってくださいと心で念じていた。彼女には指輪があった。胎児は、癒されているはずである。

二人の子供には、アンクレットを作ってつけさせていた。エイトスター・ダイヤモンドは、内や外からのネガティブ・エネルギーを中和するのだ。たとえどんなに感情が荒れ果てていても、内なるエネルギーは中和されているのである。エネルギーは壊れない。もし中和されなければ、表面に出ている感情と同じに、怒りならば怒りのエネルギーに、悲しみならば悲しみのエネルギーに、苦しみならば苦しみのエネルギーに包まれる。私でも感情レベルでは、どうしようもなくつらい。苦しい。しかし、ダイヤモンドのエネルギーに包まれていれば、とにかく見えない体の中のエネルギーだけは中和されていて壊されてはいない。信じきれていた。

この頃、エイトスター・ダイヤモンドの研究がさらに進んで、エネルギーとしては、『マインド・キャラット天孫』に書いたように、強いプラスのエネルギーなのではなく、人の気を万能で真に最強のエネルギー・レベル、中庸に調整する物質であることが判明してきていた。相性があるダイヤモンドから、人の気を健康で病気になりにくいエネルギーに調整してしまう唯一の物質に進化していた。それが、中庸のエネルギーであった。

子供たちの心と体のエネルギーを傷つけないために、ダイヤモンドに念じていた。

八月に入っても大きく切れた。そんな時、天使からのメッセージがあったと玲子は言いだした。

「二人に対して、強く激しい言霊をはいてはなりません。二人の魂は傷ついています。私たちが面倒をみるから、あなたは黙っていなさい……」

「イライラした時にはどうしたらいいのですか?」と問うたら、

「そのエネルギーを言霊として出してはなりません」と。

なるほど、言葉に出さなければずいぶんと楽だ。何しろ彼女の言葉には、強い尖った音のエネルギーが込められていた。まさしくそのエネルギーこそが、男性性そのもの。強いのである。音の強さに、言葉の強さが加わる。破壊のエネルギーである。

二人だけではなく、私の魂もズタズタになるのだよ。私にも、激しい言霊をはかないでほしいと心で願った。胎児には、もっと直《じか》に響くだろう。いくら、ダイヤモンドが乱れたエネルギーを調整しているとはいえつらいだろう。

九月になって、大きなお腹で大儀そう。その上にちょっとしたことで何もしなくなるのは、いつものこと。普段は、本当に素晴らしい女性なのに、ふとしたことで切れると何もしない。夜中にも起きない。泣いても起きない。いや、起きないのではなく起きられないと分かってからは、率先して二人の夜中の面倒をみる。二人が泣いた時、すぐに横にぴったりくっついたら泣き止んだ。二人の体温を感じながら一人思っていた。

「今私の左右の脇の下に二人の子。幸せである。私は今母親をやっている。忍耐強い母親を、愛情深い母親を学ばされている。知りえた範囲の深い意識のエネルギーになりきって、この二人を育てている。五十四歳の男の母親日記。今生、男としての一代で、しかもこの歳で母親をさせていただいて幸せなり。一代で両性を経験させていただきラッキーであります。天に感謝しております。今私は、五十四歳の男の母親」

十月二十四日、長男が生まれてからも、彼女のプッツンはさらに激しくなった。その激しさを受けながら、

「これは俺だ……。俺の激しさだ。俺にもあった」

私の若い時の激しさに、彼女の激しさが同じことに気がついた。爆発する理由の違いには、大きな差があった。公と私の違いがあった。しかし、それを表現するエネルギーは同じなのだ。真剣になった時のエネルギーは、まさに同じなのだ。彼女の強いエネルギーは、昔の私だった。彼女は私であり、私は彼女だった。顕在意識では気がつかないが、私の中にあるものを感じとって強く表現して気づかせてくれる彼女は、やっぱり私の鏡だった。そう考えた時、その昔、私の激しさに恐れたり泣いたりした人はどのくらいいたのだろうか……。激しく責められるのが、こんなにつらいことなのかと、未体験の意識レベルを逆の立場になって教えられていた。そして多くの人に、心の頭を下げた。

恐れたりホッとしたり、その切れ方戻り方に法則がないために、私の意識は絶えず右往左往していた。こんな戻り方もあった。

大きな切れ方で私を責めつづけていたが、その中であれほど世話になった伊藤さんのことについて彼女が触れた時のこと。外の誰かから入った情報なのだろう。

「伊藤さんが去年の終わりぐらいから、私たち二人の関係をやめるように言ってたらしいのよ。

だから私も遠ざかっていたけれども、最近伊藤さんのこと、何か言ったらしいわね。伊藤さんも、『そういう田村さんだから色々と起こるし、結局別れて一人になるのよ』って言っているらしいけど、伊藤さんの悪口を言ったの?」

意外な方向転換に、私はまた意外な反応をしていた。あれほどお世話になり、感謝の念しか一切なかった伊藤さんが、私のことを逆に非難していると言う。情けないやら、悔しいやらで、やおら泣けてきた。それも本当に、いつ以来か分からないくらいに、心の底からワナワナと嗚咽を上げて泣けてきた。こう思いながら泣いていた。

——それはあんまりだよ、伊藤さん……。本当に言ったのですか? 人から何か聞いたことに反応したんじゃないですか? 何でも分かるのだから、それはないですよね?

信頼していたし、世話になっていたし、一生ありがたい人として意識の中にありつづけた人からの、そのレベルの反応に、情けなくなって泣きつづけた。しかしその時、意外なことが起こった。

「ボク、そんなに泣くなよ。二人とも、パパをなぐさめてあげて。お背中を摩《さす》ってあげて。そんなに泣くなよ、私だって泣けるじゃないか……」

本当に意外な反応だった。瞬間に、あの怒りの玲子はいなくなっていた。一生懸命に背中をさすり慰める玲子。そして、背中を撫でたり、頭を撫でたりする二人の我が子。それにしても泣き止めない。次から次へと、嗚咽とともに泣けてくる。信じられない内からの衝動だった。辛うじて言っていた。

「伊藤さんに関しては、確かに決心したことはある。二人の一歳の誕生日の後、何回も何回も困った時にすぐに電話をしたことは結局は甘えていただけ。後は自分たちが変わっていくしかないと思った。それ以来、伊藤さんには泣きつかない。だから、君との会話にも出てこない。でも年賀状には、甘えずに頑張っている、と書いて送っていた。返事もあった。伊藤さんもそんなこと言うわけはないし、俺は伊藤さんのこと、心底世話になってありがたいだけ。その伊藤さんを中傷したり、非難するわけはないじゃないか……」

二人の誕生前からお世話になった伊藤さんは、二人が生まれて三度目の殴り合いをして助けを求めた後、「これ以上は、本人たちが気がつかないかぎり、いつまでたっても納まらない。ここは黙って去るしかない……」と思ったのであろう、静かに我々の前から去っていた。こんな嵐の中で、伊藤さんの霊体が、二人を仲直りさせたと思い、心の中で感謝した。

それにしても、すごい感情のジェットコースターの人だった。テレビドラマの中や人の話には聞いていたけれども、私の人生では初めての経験とその連続で、戸惑うばかりの日々を過ごしていた。

27

嵐——Ⅱ

子供たちは順調に育っていた。二歳半になった長女はますますお茶目になり、世話好きなお節介やき。お姉さんとして絶えずイニシアチブを取っていた。家の中が彼女（母親）のプッツンで不安定になると、二人きりになった時、

「パパすき」とささやく、気遣いの子でもあった。

次女はチャネル体質らしく突然不思議なことを言いだした。

頭の中に、〝サイサギタ〟というおばあさんがいると言う。私も初めて聞く言霊だった。サイというと、サイババのいるインドで多く使う音である。インド人に聞いてみたら、サイは神で、サギータは法律、決まり。だから〝神様が人間のために決めた法律〟という意味になると言っていた。

二人だけになった時に、次女に聞いてみた。

「サイサギタ、今いる？」

「いない。今静岡に行ってる」

「何をしに……」

「魚を見に……」

静岡なんて単語をいつ覚えたのだろうか。これ、もしかするとチャネルして答えているのだろうか。面白い子である。次女は、珍しい言葉を突然口にする。

さらに十日ばかり後、突然また次女が、もう一つのエネルギーの名前を言いだした。〝ナンゲーコ〟だと言う。いったいどこの言葉なのだろうか。彼女が自分で考えつくとは考えられない音の組み合わせに、私も興味津々となった。その頃もう一つ不思議な態度をしていたのは、生長の家の谷口雅春氏の書かれた『甘露の法雨』を一時も離さずに持ちつづけ、

「これは、ママと読まないと意味がないんだよ……」と言っていたこと。どうしてそんなことをいうのだろうか。いずれにしても、チャネル体質の上、この世の喧騒に合わせるのが大変そうな次女、しっかりと見守り導いていかねば……。


第三子誕生の五十日目、私の膝の上にいた彼が、たった一つの名前に強く反応したこともあった。左に口を曲げて笑うのを見て、「まるでエルビスみたい」と言った時、突然声を上げて笑って反応した。生まれ変わりを信じていた我々は、

「もしかしたら君、エルビス・プレスリー?」と聞いてみた。

さらに、ケッケッと声を上げて笑った。彼女は、背筋に電気が走ったという。私は、ありうるかもしれないと合点していた。私の人生には、エルビスがいつも見え隠れしていた。前の妻との

出会いもそうだったし、今回の彼女との最初の日もエルビスがわざわざ二人きりになれる時間を作っていた。今研究が進んでいるドイツの器具EAVも、後で分かったことによるとエルビスが導いていたのである。ドイツの器具なのに、私はハワイの医者によって手ほどきを受けていた。彼は、三十年以上も前に映画の撮影のために来ていたハワイで歯痛になったエルビスを治療していた医師だった。娘さんが、今でもその時の治療した器具を大事な宝物にしているという。ついでに秘密を書いてしまおう。エルビスは、すでにその時すべての歯が真っ白な被せ歯だったとのこと。だから、いつも清潔な白い歯があったのだ。

次の朝、彼のデビュー曲『ハート・ブレイク・ホテル』を歌ってみたら、またまた大きく反応してきた。

ダライ・ラマ十四世やサイババのように、何か証明する手段があれば別だが、本当のところは、まったく分からない。それでいい。いずれにしてもエルビスか、英語かに反応した魂ではあった。何はともあれ、普段は、四次元の世界が当たり前に存在した家庭であった。そこは、まさしく天上界。神園、花園であった。

このままにいたいと思うが、突然に三次元に引き落とされた。目の前には生活があった。生活は仏教の六道輪廻で例えるなら人間界であった。その中で、突然に修羅界に落ちる。落とされる。きっかけは、子育てのイライラから、寝不足から、足がちょっと触れたから、前の家族の名前から、何でも良かった。突然に街を車で走っていて始まることもあった。何かエネルギーに取りつかれるらしい。

いつの時も、それらのきっかけから後が大変であった。彼女はどんどんと深みにはまっていく。修羅界の対立から、餓鬼界のむさぼりに、感情をぶつけているあいだに、さらにそれが怒りになる。鬼気の世界、地獄界まで深まっていく。最初の頃にサイババからのメッセージとして受け取っていた、豪華客船の機関室入りである。あの頃から変わっていない。これには参る。原因が分かっていれば対処もできるだろうが、まったく分からない。そして、心の闇のそれは強い表現体になる。嵐だ。とてつもなく強い大嵐だ。

ある時は、一晩中怒鳴りつづけた。何十回もすでに聞いていることをまた言いつづけた。近所の耳を気にする段階を超えて、なすがままに任せる。こちらから気を出せば、さらに強い抵抗となる。だから、余計に黙ってただただ受ける。無になりたいと思う。〈無〉になれば、肉体的なつらさからは完全に解放されるだろう。そして、あの初めの頃に経験した〈空〉になりたいと思う。そこは、三次元のすべてが消えた、気持ちのよいエネルギーの世界なのだから……。

しかし、修行で自由自在になれたのと違って、突然に経験させられた〈無〉や〈空〉は、こんな痛みの時にはやってこない。私を導きつづけてきた外からのエネルギーが、包み込んででもそうしてほしい。が、やってこない。これは自らが学んで抜けなければならない人間界のレベルなのだろう。その先にしか見えない世界は動かないのだろう。

でも、心の内で叫ぶ。助けてくれ。神様、もう分かりました。何とかしてください。この女の鬼気を静めてください。

一晩中つづいて最後は、疲れたと彼女は眠りにいく。その時は寝室のドアを開け、その場に立っているように指示される。すべてを受け入れてやろう。出し切れば気もすむだろう。寝ついても立っていた。とにかく激しい。

怒りがさらに高じた時、それは殴る蹴るになったこともある。また思う。無になりたい。空になりたい。決して今の自分にはやってこないことが分かっていても思ってしまう。もう決して手も出さない。

最後は、ただただ自分の肉体での存在を悔いる。この大気中からなくなれば、この怒りも起こらないだろう。私の体がここに存在するからこそ、乱れるのだ。私が約束を期限までに守れないばかりではなく、何かもっともっと深い心の奥底の掻きだしなのだろうからと受ける。受けながら、

——こいつ前世ナチスだったんじゃないだろうか……。

などと思えるほど、次から次へとよくも折檻を思いつく。また心で思う。

——この人は、自分の存在をこうした方法でしか表現できないのだ。何に対しても、外に向かって自分の感情を吐き出すことで、自分のこの世での存在を示しているのだ。可哀相に……。

心の奥底には神がおり、愛があるというのに、それらを包み込んで隠している感情を、自分の存在を示すためにぶつけている。

直接のきっかけは、ちょっとしたことだったが、その奥には、私がまだ何事も解決していないことへの不満があった。でもそれだけではない。もっともっと奥底に、受け入れてしまった原因があるようにも思えた。

この世に生まれてからの家庭にある。きっとそうだ。いつか、落ちついた時に聞いてみたい。四年一緒に生活していても、前の家族の影は、お母さんだけ。父親と弟は、気すらもない。男に対する気がない。家庭の中で、何かがあったのだろう。その時に、何かを深く取り入れてしまった。人を思いやるやさしくも強い気持ちが人一倍あるのに、それと反比例するかのように、激しい感情の爆発がある。身近に居た父や弟への憎悪が一気に私に、私の男性性に向かっているように思った。

ならば出せばいい。もっとやればいい。感情がなくなるまでやればいい。もし、カルマの法則が働いているならば、俺はきっと前に君をいたぶったことがあるのだろう。借りたそれを今私は返しているならば、徹底的に返したい。魂の出会いは、魂の完成への序曲。ならば、魂の完成のために、徹底的に受けるしかない。それこそが、真のソウルメイトなのであろう。

それにしてもつらい。恐ろしい。意識には、怯えがしっかりとこびりついてしまうようになった。いつ起こるのか分からないから、いつも意識の底に彼女の機嫌を見る想いがあった。怒りの魂が起こっている時には、帰宅する時など玄関のドアを開けて、中の様子が分かるまで怯えていた。自らの人生に、こんな経験があろうとは思いもしなかった。受け入れながらも、どちらかが家を出ていきさえすればいいと思ったことは何回もあった。子供だけ連れて出ようと思ったことも何回もあった。普通の家庭でよく聞く、奥さんの実家への逃げ帰りである。

誰にも分からない所を手配をして、今晩決行という日、玄関を開ければ劇的に前の機嫌の良い人間に戻っていたこともあった。何もなかったかのような彼女がいた。戻ればいい。何もない。

一気に、天上界になる。

しかし、どういう女なのだ。この意識の混濁は何なのだ。コントロールできない精神は、どうすればいいのだ。男の私には、まったく分からない。意識の世界を分かったはずなのに、まったく彼女の混沌が分からない。社会では、男性の女性に対するドメスティク・バイオレンスが問題となり始めていたが、ここは逆であった。

こうして、上の二人が三歳からの五歳半まで、下の子が一歳から三歳半までの二年間は、本当に凄まじかった。何回も何回もつづいた。実際には、上の二人が四歳半の時に、離婚は成立していたのだが……。

彼女は、外ばかりではなく徹底的に自分をも苦しめた。心に取り込んでしまった闇を、解放することができなかった。それは、強い、完全主義の父親が求めたものであり、その延長線上で行った暴力であったようだ。

不安だった。愛の不足だった。だから、俺は愛していると言いつづけた。私も愛を知らなかった。君のお陰で、私は愛を知った。今度は、君が知る番だよ。戦後の家庭には、愛なんていっている余裕はなかったのだ。お父さんを責めてはならない。

愛は、私より二十二年後に生まれた彼女にも、伝わっていなかった。意識の一番奥に存在する愛に届き、なり切るまで、それを包むたくさんの汚れが出ていた。私が、そこまで分かっても、どうにもならない心の闇。退行催眠のワークを受けて帰れば、その引き出された闇の中で、荒れ果てた。自らも、真っ暗な風呂場にこもった。怖くて、寒いという。のたうち回っている。

「真っ暗なトンネルの先には何があるの」と聞く。

分かっている。私は分かっている。でも言うことはしない。勇気をもって、自分の意思で突き抜けるのだよと言う。ここを通り過ぎなければ、いつまでも残る。闇が出てくると、周りはつらいが、何よりも本人もつらかろう。頑張るのだ……。


しかし、自分で苦しむのは、こんな時だけ。すべての苦しみの原因は、やっぱりまだ外にあった。だから、外に向かって爆発した。止めどなくつづく感情の発露。五年間も離婚できなかったことへの徹底的な責めがつづいた。

爆発の方法は、時々に違った。家の中では、真っ暗な風呂場に閉じ込められることもあった。ただ受け入れるだけ。湿気に喘息が苦しむが、耐えるだけ。あまりのいたぶりに、私の体には、恐れからか痙攣が起こった。もう心の底から恐れていた。こうして世の中では、たくさんの女性が苦しんでいるのだろう。一般的には男性側が理解してやめなければ、世の中の多くの家庭は納まらない。

激しい。どこまで出せば気がすむのか……。

一人が肉体的に消えれば起こるまい。私がいなければ彼女も乱れまい。そうなりたいと思うこともあった。

神様、まだ私の中に彼女を刺激するものがあるのですか？　あるから乱れるのなら、まだ私は受けます。自分を殺します。でも、どうしてですか？　どうしてこんな思いをしなければならないのですか？　これが私の人生の台本に、自ら書いた筋書きなのですか？　なぜ？　なぜなのですか？

私は、世の中の女性を代表している意識になった。世の中の多くの、男性の横暴さに、苦しみ悩む女性であった。たくさんの女性が実家に一時でも帰る。しかし、私には帰る実家はなかった。そして、自らの男性性の強い時代に苦しめたであろう人々に思いを馳せた。そして、すまないと心で何回も詫びた。

28

新しい旅立ち——出会い

どうしていいか分からない日々の中で、私を救い、励まし、やりとげなければならないと思わせたのは、三人の子供たちであった。三歳半と、一歳半を過ぎたある時、無邪気に遊ぶ三人を見ていて、突然に分かったことがあって涙がこぼれた。

——そうか、君たちが肉体を持ってくれたから、俺は君たちの魂に会えることができたんだ。魂のままだったら、俺には分からない。今も目の前に、たくさんの魂がいるのだろう。しかし、俺には見えない。今肉体となって目の前にいるからこそ見える。会えた。君たちは、いったいどんな前世を持って、どんな魂なのか……。今目の前で演じてくれている。これからの人生で、ますますそれがはっきりするだろう。会えてよかった。本当に来てくれてありがとう。これこそが、一期一会なんだ……。

人は、肉体の衣を着た魂。肉体を見て魂を感じる。これからはどんな人も、そうした目で見られると思った瞬間だった。

時が進み一九九九年五月、子供も五歳半と三歳半になった頃から、何かが変わり始めようとしていた。我が家が変わる時が静かに近づいていたことが、今こうしてまとめてみると分かる。まず私の中にも進化があった。大嵐の最中に、感受性の強い女の性が、ようやく理解できるところにまで来ていた。乱れる幾つかの理由に、男には到底分からないことがあった。

一つは、満月の日とその前後で、感情に最も強い影響を与えるらしい。マイケル・ジャクソンの『スリラー』である。月の引力で狼になっていたのかと同情する気持ちが初めて起こるようになった。自分ではどうすることもできないらしい。さらに、新月と毎月の自分のものと、もう一つ、排卵日であるらしい。

誰もが乱れるわけではなかったが、強い影響があるらしい。人生で初めて知る女の性であった。分かれば、それに対処する心ができ上がる。分からないから乱される。彼女自身ではないのだから、さらに大きな心で見守ろう。女性の性質を学んだことになる。

『コズミック・ダイヤリー』という日記帳が出ている。現在使われているカレンダーは太陽暦で、女性には合っていないらしい。二十八日周期、月の状態が表示されたカレンダーをつけながら生活を始めると、不安定であった情緒が安定して、病気さえ治ってしまう人が多く出ているとか……。

まさしく、現在は太陽のエネルギーの時代。神様も、日本が天照大神《あまてらすおおみかみ》ならば、西洋は、イエス・キリスト。太陽の性質に覆われている現代人の中に、月の暦で蘇る人たちがいる。特に、女性に対する月の影響力の大きさを知ることになった。

しかし、大嵐の原因は、月の影響だけではなかった。とにかく本人が掻き出さなければならないことが、心にはたくさんあるようであった。私と子供たちは、ただ受け止めるだけ。どうしたら解決するのかの方法は知らなかった。

そんな時彼女は、「イギリスのフィンドホーンに行きたい」と言い出したのである。私が神に食ってかかった時に、外から届いた一冊の本。人の道を超えて神の導きにすべてを委ね、私よりももっと厳しい状況を生きたアイリーン・キャディ。幾多の試練から知る天の道、宇宙の法。それは、天の道を人の世に映してやりとげた女性の自伝であった。健在の時に、聖地となったフィンドホーンを訪ねるツアーに参加すると言う。願ったりの旅である。心を掻きだすためならば、何でもすればいい。その先に、まだまだ長い長い素晴らしい人生が残っているのだから……。子供は私が面倒をみる。

フィンドホーンでの二日目、突然に電話が入った。

「今から帰る」と言う。

もう嫌で嫌で我慢できないと泣いていた。心の闇の掻きだしにあっているのかと思ったら、意外なことに感受性強い彼女には、聖地フィンドホーンの地場エネルギーが合わなくて苦しいらしい。いや、それこそが心に闇を持つ人への聖なるエネルギーの刺激なのかもしれない。いずれにしても、遠いイギリスの北、スコットランドの地で彼女は自らの闇の心と格闘していた。

「大丈夫。心を落ちつけて楽しんで来い。子供たちは、皆元気。君べったりのチビは、ママは、ママは、と毎晩大変だけどね。とにかく、勇気を出してやりとげ、清々して帰っておいで……」

と声をかけるしかなかった。

二週間後帰った彼女からは、さらに何かに向かって進みたいという気が現れ始めていた。そんな折、結果的には劇的な出会いが用意されていたことになる。

荒行を若い時にやりとげ、今は居る場全体をも癒してしまう完全癒し体ＥＡＶオール五十の好々爺。現実界と幽玄の世界をしっかりと実践で修めた人、山蔭《やまかげ》基央《もとひさ》氏。山蔭古神道七十九代神官であり、霊的な人でもある。

彼女は会った瞬間から、山蔭氏のエネルギーを受け入れていた。気持ちがいいと言う。そして山蔭氏は、

「こりゃ大変だ。気が両の手をいっぱいに広げた大きさで、体中を包んで放射されている。体中が、アンテナになっているよ。これでは外から色々なエネルギーがお構いなしに入ってきて苦しいだろう。この気をまず、体の中に納めなければなりません。そして次に両指で作る輪の大きさまでにするのです。さらに、その気の大きさで肝田に納めるのです」とおっしゃった。

聞いていた私も、心から腑に落ちた。

そうだったのか。外から自由に入るくらいに気が膨らんでいたならば、心の内から起こる感情も、体の中で処理できずに外まで爆発させてしまうはずだ。はみ出たエネルギーが私にぶつかっ

た。それが胸の内に納まったならどんなにか素晴らしいだろう。

先が読めた。

彼女は、進んで神道の修行に入った。子供の頃から家庭にあった宗教の関係から、鳥居さえもくぐらなかった彼女が、一週間の行道に励んだ。荒々しい行ではなかった。古神道の作法にしたがって、神殿の前で祝詞を挙げ、心を掻きだす法を成し、静めた。鎮魂である。

帰ってきた彼女は、大きく変貌していた。あれほどの感情の振幅の激しい揺れが、小さくなってきていた。進化した姿が、感情の振幅の小ささで分かった。両手いっぱいの幅で感情が振幅していたのが、体の幅に納まったように感じられた。そして、人が劇的に変われることをも、目の当たりにしていた。

神道の中にある、色々な英知が救いとなったのだろう。祝詞はそれ以後も、時々に挙げつづけていた。

感情の振幅は小さくなって結構だったが、次には体が不調で動けない。そして、体の大きさに納まった感情が、もやもやして苦しいと言う。体の内から現れる見えないエネルギーは、彼女を動けないまでにしていた。二十世紀最後の年、二〇〇〇年が明けていた。その度に山蔭氏に相談した。

山蔭氏は、古神道に残る竹封じという法を、二度もやってくださった。外に対しては静まりつつあったエネルギーも、自らの内に溜まるらしい。それを自分ではどうすることもできない。そのネガティブで不必要なエネルギーを、竹に封じ込めて取り出す方法だとのこと。

結果、少しずつ変化しているようであった。不機嫌だが、前のようには外には爆発しなくなってきていた。

それでも時々は、振幅の小さくなった嵐はやって来た。彼女の乱れ方が小さくなると、私は楽かというと、小さくなった分私も小さいものを期待するのか、たまに起こるとクタクタになる。まだまだ反応する私が、心の内側にいた。山蔭氏に相談する。

「まだダメかね……。それでは次の手だね。泥封じをやって差し上げよう」とおっしゃる。

知らない方法が色々とあるものだ。ネガティブ・エネルギーは、ネガティブ・エネルギーに共鳴する。だから、よりネガティブな泥に共鳴させてしまう。そして、人の心からは取り去る。

彼女も、外ばかりの他力に頼むのではなく考えていた。神道の方法には、人形《ひとがた》と称する、人の形をした紙に、エネルギーを吸い込む方法もあった。彼女はそれを、胸に一日張るようになった。夜、火で焼く。ますます小さくなる振幅。

人の進化は、螺旋上に上がっていくと聞いていた。まさしくそれを見せられていた。大きな振幅から、どんどんと小さくなっていく。彼女に、自らの内で感情を処理する時がきたのだ。

山蔭氏とのあいだは、ますます近くなった。そんな折、突然に

「田村君、名前を変えんかね……」とおっしゃる。

「いやぁ、理由があればいいですけど……」

「実は大ありなんだ。この『駿禮』という字だがねぇ。画数は、いいとしても、字義（字の意味）が合っていないのだよ。これは、『優れた馬を神に捧げた』という意味で、すなわち君の本来の肉体と力を神に捧げてしまっている人生となっている」

「それはそのとおりで、素晴らしいではないですか？」

「いやいや、人間として生まれたかぎり、神に捧げただけではならない。人としてどう生きるかこそが、最も大事なんだ。これからの人生のためにも名前を変えよう。そして、気位の高い名をつけよう。そして、君はこれから公共性を持って生きていくのだよ」


二十数年前から改名して使ってきた、「駿禮――たかのり」から、何の未練もなく新しい名前、「熾鴻――たるひろ」に改名した。それだけではなかった。

「田村君、君と息子さんの四柱推命を観たんだが、どうもこりゃまずいんだよ。君には、長生きして活躍してもらわねばならん。星の祭替えをしないかね……」

二〇〇〇年の五月のことであった。

「星の祭替えって何ですか？」

「誕生日を変える秘儀だよ」

「誕生日を変えられ・る・ん・ですか?」と聞きながら、
——そうか、改名と同じなのだ。

改名をしても、戸籍を変えられるわけではない。通称名としてなりきるだけである。それならば、誕生日を新しいものに変えてなりきればいい。とっさに納得できて、

「お願いします……」と答えていた。

これは実は後で知ったことだが、大変な難作業なのだという。四柱推命は、今コンピュータ用のソフトも売っていて、誕生日を入れれば、その人の四柱推命上の運命が書かれて出てくる。その結果の寿命の部分がまずいらしかった。

結果の良い年月日を、逆に探すのだという。昔は、七~八人の陰陽師《おんみょうじ》が、何十日もかかって選びだしたと言う。コンピュータの時代にあっても、結果から誕生日を選び出すソフトなどない。片っ端から、気になる日の結果を印刷して観る。五十日以上のものを観た時、突然に現れたとおっしゃる。

こうして、私は二〇〇〇年四月十六日より、戸籍よりも六歳若返って五十三歳になった。誕生日は、開けてびっくり、昭和二十一年八月八日午前八時生まれだった。山蔭氏曰く、

「あなたも不思議な人だね……。エイトスターというのは偶然じゃないんだね。とにかく八がつく月、日、時が最適だったんだよ……」と。

すごい意識の世界の魔法があるものである。

それに伴って、会社の自分の部屋に神棚を設けて、自らの新しい名前を供え、自らを祀り、自らで祈るのだという。これを、自霊拝というのだそうである。自らの霊に向かって対峙して拝む。自らの心を拝む。そして、客観的に自分を観るように努める。

山蔭氏の指導で、神棚に祭壇を供え終わった時、一天にわかにかき曇り、突然にものすごい稲光とともに雷雨がやって来た。

「竜神がやってきている。祝福しているんだよ……」と、氏はおっしゃった。

ここで、六十三日の行を行うのである。毎日一度、四十五分あまり。生まれて初めての、今度は私の修行である。まさか私が行をやるとは想いもしなかった。しかし、改名につづいた改誕生日になりきるために、自然にやることになった。

ほとんどの時間、何種類かの祝詞を読み上げている。途中に印を結んだり、印を切ったりするも瞑想は最後の五～八分あまり。終わった後の清々しさは、まさに心洗われるかのごとくであった。

行をしたことのない意識は、知識として学んでいたことの実践となって、心に納まっていった。一方のエネルギーが静まれば、それに反応するエネルギーも小さくなる。ＥＡＶの研究で知ったエネルギーの法則である。供応するかのように、彼女のエネルギーもますますに納まっていった。

さらに山蔭氏は、玲子の名前も変えようとおっしゃった。快諾した彼女に届いた名前は、「安祐子」。字義は、家の女となって神を助ける子と言う。家にあっては男が神。玲子に比べて字そのものもやさしくなったし、〝あゆこ〟からの感じも、ずっとソフトになった。

何もかも新しくなろうとしていた。この新しさをもたらしたのは、まさしく山蔭基央《やまかげもとひさ》氏であった。いつのまにか、〝先生〟とお呼びするようになっていた。山蔭氏は、我が家を救いに来た神様のお遣い。ダイヤモンド界からの使者のようであった。

こうしてさしもの彼女も、納まってきたのである。自分でも述懐するようになった。

「私、変わってきたでしょう。イライラしなくなったのよね……」

すごいことである。地味だが本当の奇跡である。あの大嵐を巻き起こした人とは、とても同じ人と思えない。人間の意識の中に、たくさんの意識層がある。激しい意識層である感情界を納め始めたということである。

彼女は、人が劇的に変われることを証明していた。私は、人が激しい感情を劇的に納められる証拠を目のあたりにしていた。内にあるものを外に出せばなくなるということなのであろう。抑えたらつづく。受けつづけていて良かったと心から思った。

我々に何かを示しつづけた神宮外苑の看板も、「ナザレのガブリエル」から「ハウス・オブ・フローレンス」、「アロマシモ――最上の香り――」を経て、数年前から「ＢＩＧＵＩＮＥ」へと変わっていた。フランス系の美容チェーン店で、ビギンと発音するらしい。軽快なリズムのビギン。

まだ軽くなかった時には、我々へのメッセージではなくなったのかと思いつづけたが、今私には、「BIG WIN——大いなる勝利——」と読める。天は、数年前から、そう示しつづけていたのだろうか。「ハウス・オブ・フローレンス」も「心の花園」だと気がつくのに数年はかかったのだから……。

いずれにしても、二十世紀の終わりに供応するかのように、我々の心も、一つの区切りを迎えられたような記念すべき年となった。さらば、戦いの世紀よ……。

29

新しい旅立ち——出雲へ

新しい誕生日になりきるための計六十三日の祈願行が終わろうとする十日前の七月一日のこと。本棚で探し物をしていた最中、静かに一つ目の共時性が起こっていた。

五〜六年も前に読んだ一冊の本が気になって取り出した。三頁まで読んで、何気なく本を閉じた。ただ、三百五十八本の銅剣が出雲で発見されたということだけを頭に残して……。

その日、家族は友人たちと一泊の海水浴に行っていた。久しぶりにゆっくりテレビが見られるなぁとテレビ欄をめくった。そして一つの番組名を見た時、本当に目が点になって、「まさか?! 何で……」と、絶句した。

TBSテレビ『世界・ふしぎ発見! ——三百五十八本の銅剣の謎!! 出雲——』とあった。三十分もしないあいだに二つつながれば、それは立派に見えない世界からの示しである。何かがある。見なければならない。

それにしても、この絶妙なタイミングをアレンジしているエネルギーは、何だというのか? 誰だというのか……。

クイズ形式で進んだ番組の内容は、出雲という神々の地にある神社やそのいわれ、そして、導きとなった三百五十八本の銅剣を取材したものであった。

一度に三百五十八本の銅剣の発見は歴史的なもので、それまで全国で発掘されている総数でも三百あまり。それが一カ所に、整然と並べられていたのである。近くでは、銅鉾《どうほこ》や銅鐸《どうたく》まで発見されていた。それらは、祭祀に使われたもので、これだけの規模のものを使う大王がいたことを物語っていると言っていた。大王とは、大国主神《おおくにぬしのみこと》である。神話に語り継がれている話が、事実となる大発見であるらしかった。

さらに、この銅剣の発見日を記念して、七月十二日に銅剣祭をすると話されていた。六十三日間の一人での行が終わった次の日であった。出雲に呼ばれている。行く時が来た。何があるのか分からなかったが出雲に行こう。

山蔭先生に連絡をすると、ご丁寧にも、「ここを訪ねたらいいでしょう」という六つの神社名と案内図が送られてきた。出雲におられるエイトスターのお客様に連絡をとり、アレンジを頼む。八月九日、家族全員での一泊の出雲詣でとなった。

出雲に有名な神社があることは、前から知っていた。しかし、その意味が分からないままに、伊勢神宮の天照大神だけを、何回か参拝していた。いったい出雲には何があるのか……。

出雲大社ではいきなり、安祐子側にあった白日夢が目の前に広がっていた。彼女も導かれていたのである。

それは私が銅剣に導かれる五日ばかり前、半年あまりつづいた体調不良が気になり病院に検査に行った結果の出る日のこと。待合室で深い眠りに入ってしまったとのこと。突然にバシッ、という感じではっきりとしたビジョンとなって、打出の小槌を持った人が目の前に現れて、満面の笑みで言ったらしい。

「そなたにこれを授けるから、巨額の富を築きなさい……」

七福神の一人だとは思ったが、誰かは分からなかったという。霊夢だと直観して、宝クジを買えば当たるのかもしれないと初めは思ったらしいが、そんなレベルのことではなさそうだと思いなおしていたらしい。

その人が、出雲大社の一般の御祓いの場の神殿の右壁に、大きく恵比寿様と一緒に描かれていた。大黒様である。大国主命である。彼女も出雲に呼ばれていたのである。霊夢ならば、これから何が起こるのだろうか……。


出雲大社のエネルギーは、決して清浄なものとは言えなかった。重く汚れていた。しかし、大社の裏にある、小さな素鵞社《そがのやしろ》のあたりは、裏山とともに清々しい気が満ちていて、疲れたエネルギーが一気に消されるほどであった。

岬の突端の日御崎《ひのみさき》神社は、昭和天皇のすばらしい和歌の庭もあり、何かは分からなかったが、お腹に静かに落ちるものがあった。

十日の朝から訪ねた佐多神社は、強烈に引っ張られる何からのエネルギーを感じたが、それ以上は何もなかった。神魂《かもす》神社は、神社の始まりの建物とその場の高いバイブレーションとに感じ入り、しばらく留まった。熊野神社で遊び、ちょっと離れた地にある荒ぶる神の大元の須佐神社で、自分たちの荒ぶる神を修めた。

安祐子にとっての須佐神社は、格別なものであるように思えた。荒ぶる神、荒ぶっていた神、玲子。実は、母親の姓が「須佐」という珍しい名前であった。名前の起こりを考えた時、きっと須佐之男命《すさのおのみこと》のエネルギーをひきついだ人達が起こした名前だったのだろう。

遺伝子の持つ情報（DNA）は、父母双方のものが半分ずつ子供に引き継がれるが、その情報を動かすエネルギー源＝気は、受胎の瞬間、父親のものが消滅して、母親のものだけが子に引き継がれてくる。ミトコンドリアである。人の気は、感情の源。女性側の遠い先祖のエネルギー＝気を、そのままに引き継いできた玲子。静めのための出雲行だったのだろうか、最後に一言、「私のためではなく、家族のために参ったみたい……」と。

きっと家系に流れる荒ぶるエネルギーを静めたのであろう。誰か一人がエネルギー（仏教でいう因縁）を切れば、七代前まで切れるという。彼女の出雲行きは、須佐家の代表としてであり、自らのためでもあったのだろう。

三百五十八本の銅剣に導かれての私の出雲紀行、結果的に参拝のあいだにには、特に何も起こらなかった。しかし、帰りの飛行機の中で、大きな納得がやってきていた。

――そうか、私の意識の中に抜けていた神を理解するための旅行だったのだ。日本人に伝えられていた神のもう一方を理解するためだったのだ……。

天照大神だけを日本の神と思っていた今までの人生。出雲は、国常立神《くにとこたちのみこと》、須佐之男命、大己貴神《おおなむちのみこと》（大国主神）とつづく地球系の神の地であった。

意識の世界を学ぶようになると、必ず太陽や月を意識の象徴として捉えるようになる。天――太陽――天照大神に対して、地――地球――国常立神の流れの神の地、出雲。その大きな星たちの、我々意識へ写る性質は、太陽が男性性であり、月が女性性であり、地は母性の象徴。意識の底に天、月、地のエネルギーが、ストン、と落ちてきていた。理解できたということである。古事記以来の神名でいうならば、天照大神、月読命《つくよみのみこと》、須佐之男命ということになる。

見えない世界の探究の行き着く先は、初めは馴染めなかった神であった。導きつづけられて、見えない頂点のものを、神と私も言わざるをえなくなっていた。

その神の理解が、天照大神だけでは十分ではなかった。特定の宗教ではなく、見えない神へと直接向かっている私をずっと導く見えないエネルギーは、もう一つの神を理解させようと、三百五十八本の共時性を与えていたようであった。その神こそが人の立ち生きる足もとの地球の神。分からずままに欠けていた意識の中の神を理解するスペースが、まん丸になっていくのが分かった。

このまん丸を土台に、それまでに理解していた肉体の中にある何層にもわたる意識層を重ねると、人の心の内が良く分かる。男性性と女性性と母性がどのくらい身についているか。どの性質が今生きるベースとなって各意識層が現れているのか。同じ感情の現れ、例えば、怒りでも男性的なものと、女性的なものと、母性的なものでは、出方がまったく違ってくる。誰もが何回もの転生の後、到達するであろう、仏教でいう心の完成の状態、心王という心づくりには、きっと欠かせない理解だったのかもしれない。

世の中に溢れる、天系の性質の過ぎたる部分。それは、自分を主張しつづける男性の性質。エネルギーは本来、陽。ますます欠ける月系の性質の部分。それは、あくまでも受けつづける受容の性質。エネルギーは本来、陰。心の内にも世間にもこのバランスがない。受けがない。みんな出っ張ることだけ。

さらに少なくなる地系の性質、母性。太陽と月の光に照らされて、この地上に生命は生まれ育まれる。地は育みの場。母性を知らず物を育む心なき者、自らの内の想念をも育めず、形の世界への新しい創造は、だからできない。ただ真似事だけ。地系の性質、育みは、太陽と月の光によってもたらされる。だから、男性性と女性性を納めたその先に現れる。エネルギーは中庸。

太陽系の三つの大きな星に生かされる人間の心の中に、三つの性質がどっしりと納まった。何かが足らないという意識が消えていくのが分かった。

部屋に帰り神棚に向かった。そこでハタと気がついた。私を導いたのは、誰あろう大己貴神そのもののエネルギーだったのである。大国主神である。

自霊拝のために初めて祀った神棚には、自分自身の名の書かれた札と一体の大己貴神の御札が祀られていた。六十三日の行の中で一週間ずつ二回の休みがあったから、この部屋に神棚がやってきて七十四日目くらいに起こった共時性だったことになる。その時、大己貴神は私を出雲に導いた。何もかも無駄がなかった。とにかく出雲詣では、私の意識になかった神のスペースを埋めることにつながって、知識上の神の理解の終わりに近づいたと思った。

私は、八年間の思いもしなかった新しい人生の旅路で、まさかの母性をも学んでいたことになる。もし、自らが母親の役をやっていなかったならば、この心の内にやってきた得心はなかったのだろう。

彼女がいて、子供たちがやって来て、たくさんのことを学んできたが、まさか母性という実体験をするとは思いもしない人生ではあった。六十歳を前にした、いや、五十四歳になった男の心境であった。だから私は来世を生きていると思った。私は女。今生では男。男の仕事をやりながらも、女の未来世を生きる。一日に何回も、顔の仮面を代える必要があった。公私の顔、女の顔に母親の顔。私はたくさんの性質を経験していた。

私はそれまで男だった。強い太陽だった。日本の神名にすれば、天照《あまてらす》のエネルギー。もともとあった太陽の性質。

そして月を学んだ。男性性の強さを削り取ると同時に、何事も受け入れるという女の性も身につけた。女性の性質は月に例えられる。気がつけば、私の強い男性性を削り取り女性性を身につ

ける べく刺激した彼女は、したがって象徴としては月からの使者であった。月よりの使者は、私にとっては愛するかぐや姫。私のなかの女性性を目覚めさせる月からの使者。神名は、月読命のエネルギー。自らは太陽のように出ることなく、照らされて輝いてなお精妙なり。

そして私は今、地の神が居られることを悟った。地球の神。それは国常立のエネルギー。それは育み。中庸の母性のエネルギー。

母性が分かった後に、太陽系の他の小さな星々の役目も見えてきた。それは神名などない子供たち。自我のない素直な心。旺盛な好奇心。感性そのもの。純粋無垢《むく》の幼児性のエネルギー。太陽系の宇宙が、心の中にあった。

母性が育みならば、植物や動物や子供を育むばかりではないことが見えた。それは意識。自らの中に新しい命を育む。それは想い。想いの種をしっかりと大きな樹木にした時、外への物質化が起こる。新しい命――アイディア――の物質界への誕生。そして、人は進化する。物質界を通して進化する。

出雲には、もう一つ特筆すべきことがあった。出雲に行く四カ月前のこと。出雲在住で光と同化したといわれる覚者、山田耕栄氏の著書を読んで感銘を受け、東京でお会いしていた。高い世界からのメッセージを伝えてくださるという。

「何か私へのメッセージはありますでしょうか?」と思わず尋ねた。氏は握った指を数本ゆっくりと伸ばしながら、メッセージを受け取っていた。突然に、

「被害者意識があります……」と言った。咄嗟に、

「私に、被害者い・し・き・・が・・あ・る・のですか？」と答えながらも、同時に心の中で、もしかしたらと思うことがあって、ふたたび尋ねた。

「相手は男でしょうか？　女でしょうか？」

ふたたび、指を伸ばしながら、

「おんなと言っております……」と言った。

一瞬に、私は悟って、

「分かりました。ありがとうございました……」と答えていた。

私は、すべてを受け入れてやりつづけていると思っていた。しかし、こうして被害者意識があると言われれば、気はつかなかったが、決して喜んで受け入れて物事をやっていたわけではなかった。やらずにすむならばやりたくなんかない。だから口には出せなかったが、やらない彼女を責める気持ちや心の中での愚痴もあった。それが被害者意識となって、心に沈んでいたのだろう。喜んでやらねば魂の成長はない。何としても、すべてを喜びをもってやれるようになろう。

そう決心したが、簡単には心の闇はなくならなかった。ずいぶんと時間が必要なものである。心からネガティブなものが消えて何もかもを喜んでやれるようになったのが、半年後の十月頃であっただろうか。こうして今振り返ってみると、二〇〇〇年という区切りの年に、私の心の区切りも、出雲がキーポイントとなって前進していたことになる。ありがたいメッセージであった。

そして、また十一月がやってきた。

彼女との関係が始まった十一月十五日。あれから、毎年この日に不思議なことが起こりつづけた。初めに彼女のところにUFOが現れてから九年がたったことになる。数霊によれば完成である。そんな年に、私の意識がまん丸になった上、心の奥底に沈んでいたネガティブな心が解放された。そして、九年目の十一月十五日、子供たちは七歳と五歳になって七五三を迎えた。長い年月がかかったけれども、何もかもここで一区切りがついたのかもしれないと心の底から思った。

30

封印の解かれたダイヤモンド、エイトスター

——新しいダイヤモンドの使命

この九年の経験は、自らの意識の探究ばかりではなく、ダイヤモンドそのものの探究にも大きな進化をもたらせた。ここまでに到達するために魂の出会いがあったといっても過言ではないかもしれない。それは、自らの意識を掘り下げるにしたがって現れた意味といっても良かった。

まず最初に、エイトスター・ダイヤモンドは姿、形が完成していた。ダイヤモンドが磨けるようになって五百年あまり。光の屈折率をもとに、図面上に横姿の理想カットの形が完成したのが、一九一九年のこと。しかし、二次元の平面的な形としては表現できても三次元の立体形、すなわちダイヤモンドそのものの上には、誰も成し得なかった理想の姿をしたカット。それを我々が、世界で初めてやり遂げたのである。確かに我々がやったと長く思いつづけてきた。

しかし、二つの魂の出会いは、私の意識を大きく普遍的に広げていった。その先に、まさかという心境が現れた。

エイトスター・ダイヤモンドは、我々が作ったものではなかったのである。我々は、考える脳

と自在に使える手を使ってやらされていただけであった。

それでは、誰が作ったのか。何が作ったのか……。

ダイヤモンド。この世で最も硬い鉱物。それは様々な結晶体、原石となって発見されていた。理想の原石の形は八角形。ピラミッドを二つ合わせた形である。その他にも、平らのものや、不規則な形のものや、丸に近い二十二角形のものまで多々ある。

その原石の中に、誰も見ることのできない想像すらできなかった姿が隠されていた。いったい誰が隠しておいたというのか。ダイヤモンド誕生の瞬間から、光を反射する屈折率を内部に持たせ、外側は様々な形をした鉱物が造られていたのである。

そして、我々はただひたすらに磨き上げた。完成したダイヤモンドには、八本矢印の一つの星が現れていた。

この姿こそ、原石の中に仮想の姿として隠されていた姿であった。封印されていた姿ということである。その封印が、一九八五年に解かれていたことになる。それでは、エイトスターの姿は何が作ったのか……。

〈ひかり〉である。光が造った姿、形である。光を完全反射させるためにだけ、頭脳と技術を使いつづけた。だから、我々は光の反射を見ながら磨いたのである。工具についている角度を頼りにだけ磨いたのではない。光そのものの反射を見ながら磨いた、世界最初の工場であった。そして、今でも変わらない。世界で最も美しい形をしたダイヤモンドなのである。

エイトスター・ダイヤモンドは、光の作った姿、形。物質には、粒子性と波動性との二面性があると物理学では解いている。光にも、粒子の部分と波動の部分があるという。ということは、エイトスター・ダイヤモンドは、光の粒子性側を具現化した姿であったということになる。エイトスターは光の形。

今私は、決して我々が造ったとは言わない。ただ我々は、光の意思を忠実に守って、ダイヤモンドに秘められていた姿、形を完成するのをお手伝いさせていただいただけ。

あなたは、すべての物質を完成させているように思いましたが、本当に完成させるためには、人の能力と技術をお遣いになられるのですね。あなたの造られた未完成の物質を完成させるために人は生まれてきたのですね。今ダイヤモンドの秘められた封印を解きました。光の粒子性を具現化しました。

そしてさらに六年後、ダイヤモンドの持つエネルギーが、科学の力を借りて明かされ始めた。光の持つ性質のもう一方である波動性の解明である。最初は、波動測定機MRAによる、江本勝氏の測定だった。ダイヤモンドのエネルギーが外からやってくるストレスや自らの内から発生するストレスを中和する力があり、電磁波の害すらも中和してしまう物質になっていると江本氏は驚かれた。病気のエネルギーさえも消してしまう。ダイヤモンドにそんな力があるなど考えもしなかった時だったから、言われた私の方が驚き興奮していた。

さらに天は、そんな私にMRAとは別の、ドイツのEAVという気を測定する器具をつないで来た。すでにドイツやロシアなどで医療器具として使われていた。体の病の源は、体を動かしているエネルギー、中国でいう〈気〉であることを知ったドイツのフォール博士が、西洋人らしく見えない気を誰でもが分かるように数値化することに成功していた。東洋と西洋の融合がもたらした素晴らしい成果である。そして、病気の部位や状態が分かるだけではなく、最適な薬とその量を測定することができる器具であった。それが医師ではない私のところでは、人と物との相性の研究に生かされた。詳しい機能などはすでにプロローグで述べているので、ここでは後の研究の結果を書き留めておきたい。

まずダイヤモンドや宝石の人に与える影響について、衝撃的なことが判明していた。世の中のダイヤモンドや宝石全般のエネルギーの悪さである。まず、良いエネルギーのものがないのである。人をイライラさせる強いエネルギーのものや、病気のエネルギーを刺激しつづけるものばかりであった。実例もたくさんついてきていた。病気のエネルギーを刺激しつづけているダイヤモンドを毎日つけつづけていた人が、三年あまりで末期ガンの診断を受けて入院手術をした。肉体は気の現れであるならば、病的なエネルギーの刺激は肉体に病気を現す。宝石はつけつづけるだけに、最も危険なことが分かってきたのである。

伝説として語り継がれている、呪われたホープ・ダイヤモンドを調べてみた。ある人が持った場合には、強い争いの意識を刺激するものとなった。他のある人が持った場合には、強い病気になるエネルギーであった。相性の良い人は皆無であった。こうした宝石が世の中に満ちている。世界で初めて、ＥＡＶによって美しい宝石の真実が解明されたのである。石は、気の発信源なのである。中でも美しい宝石は、特に恐い。

そうしたエネルギーを中和して安全なものに調整してしまうのが、ただ一つエイトスター・ダイヤモンドであった。何千万はするであろう宝石を持ち込んだお客様がいたが、たった一つのエイトスターで、それらの悪しきエネルギーは一瞬に中和されていた。宝石を持つ人たちにとって、エイトスターはまさに救世主となった。宝石のキリストである。

宝石ばかりではない。人は様々な強弱激しいエネルギーに囲まれて生きていた。飲むもの、食べるもの、身につけるものなどなど。体に害を与えないものなど、八年も研究していてわずかしかない。さらに最近では、携帯電話など電磁波のエネルギーは、人の気をさらに乱すものである。それらも、エイトスターを身につけるだけで中和してしまう。身を守ってくれる。

そして何よりも、エイトスターを持つことによって、人の気が自然治癒力の最も働くエネルギー状態に調整されてしまう。強くもなく弱くもなく、それは真ん中の、中庸のエネルギーであった。それは万能の力。中庸の薬を服用したら、現代医学でも治らなかった病気が治るという。そのエネルギーと同じエネルギーを、ダイヤモンドが発しているのである。人の気は、七、八歳までの子供を除いて、九十パーセントもの現代人が病気のもとの、〈気の病〉であることはプロローグに書いたとおりである。その気を、病気になってしまったものをも含めて中庸にしてしまう。大変な調整能力を持っているのである。ダイヤモンドは小さくて身につけつづけられるから、人の気が変わる。荒々しい気や病気の気に刺激されるのと反対である。女性ばかりか、実は仕事中に様々なエネルギーに囲まれ影響を受けつづけている男性にこそ必要なエネルギーのダイヤモンドである。

身につけつづけるとさらに、体そのもののエネルギーがダイヤモンドを外しても中庸になっていく。中庸になることだけでも、それは大変なことである。一般的な生活をしている人の中では、千人に一人しかいない気の状態になる。大変な修行をした者であったり、人生の達観者であったりする人のエネルギーと同じになる。これは、病気になりにくい体である。中庸になるということは、病気になるにしてもそれまでの時間がかかる。よい状態が長く保つということである。時を同じくして、周囲のあらゆる物との関係がどんどんと変わってくる。良くなっていくことである。自分次第の世の中との関係が、気エネルギーにも通じるのである。分かりやすく例えると、六十の気の状態は六十の気を引きつける。強い自我まるだし。まだ好き嫌いが自らはっきりある状態同士である。五十の中庸になると会う人や選ぶ物が変わってくる。自分が変われば周囲も変わるのである。

曇っていた顔が抜けて美しくなる。明るくなる。ダイヤモンドによって人が癒されるのである。癒された人が次には、他の人を癒すエネルギー体となっていく。さらに進むと、その場をも癒す人になっていく。自然に生活している中で、一万人に一人くらい本人も知ることなく場をも癒す人は存在するようである。その人がいるだけで、その場にいる人が癒される。電車の中、喫茶店の中、映画館の中、そして会社の中に、人知れずとも、こうした人がいた場合には知らず知らずのうちに、周囲が気持ちよくなっている。中庸にも深さがあることも分かってきた。ダイヤモンドによってそこまでに人の気は進化する。いったいこのエネルギーは、何なのだろうと考えつづけた。

ＥＡＶ研究当初から四年ばかりのあいだ、ダイヤモンドの成分の純粋炭素のエネルギーが人を調整しているのだと信じていた。完全な物質になったダイヤモンドが人のエネルギーを調整してしまうのは、人間の二十パーセント弱を占める炭素原子が共鳴して起こるのであろうと思っていた。しかし、炭素物質が人を変えているという説には、合わないことが起こっていた。もし炭素のエネルギーならば、すべてのダイヤモンドに同じことが起こる必要がある。原石でも、光を漏らしてしまう市場のいい加減なカットのダイヤモンドでもである。しかし、たとえ同じようにエネルギー調整しても、人を調整するエネルギーがそれらは長く保たない。原石では、数週間以内。そして、光を漏らしてしまうカットでは、三～六カ月以内でエネルギーは無くなってしまって、もとの人体に悪い影響を与えるダイヤモンドに戻ってしまう。エネルギーが保ちつづけるのは、光を完全に反射させるカットのエイトスター・ダイヤモンドしかないのである。炭素ではなかったのである。

それでは、人の気を完全に調整し癒してしまうエネルギーは何なのだろうか。考えつづけた。そして、ついに到達した。

それは、〈ひかりのエネルギー〉、光の波動性なのだと……。

エイトスター・ダイヤモンドは光によって誕生し、人の気は光のエネルギーによって、中和され中庸に変わる。これが何よりの、光からのダイヤモンドを通したプレゼントである。そして、持つ人の気が中庸に変わることと平行して、様々なことが起こるようになる。中庸になったダイヤモンドから、美しい七色の輝きが飛び散るように、中庸になった人に様々な現象が輝きのように起こる。人によって出方が七色に違うようだ。

病気の源の気（エネルギー）が、中庸に調整されるから、アレルギーが消えた人も多々いる。国指定の難病が消えた人もいた。健康に関して起こる人がいる。このエネルギーは、二十一世紀の波動医療の中心となることだろう。なぜならば、波動薬も波動水も一度の服用に対してたった二時間程度しか体のエネルギーを変えることができない。エネルギーがつづかないのに比べて、ダイヤモンドは小さい上に、身につけつづけられることで病気のもとのエネルギーを完全に変えることができるからである。

脳波がアルファ波に調整される。脳波が穏やかになれば、心も次第に変わることが分かる。アルファ波ならば、創造性も現れる。意識が軽くなる人がいる。

そして、体の内側のエネルギーと大気中のエネルギーが、最も高い光のエネルギー同士で共鳴するのだから考えもしなかった不思議が起こる。最良のエネルギーが共鳴し合っているのだから最良のことが起こる。

そしてさらに、シャーリー・マクレーンが言ったように、起こることの時間が短縮されて事が起こる。何年に一度かのことが、数カ月のあいだにつづいて起こる。一年で起こっていたことが、まとめて起こる。出会いが進化する。人そのものが意識して起こしているのでは決してなく、見えない外のエネルギーが共鳴して起こす。外に奇跡が起こる人がいる。それはきっと光のエネルギーが運んでくるのだろう。それは、魂の進化の道。光の道。ダイヤモン道《ドー》。

ダイヤモンドはこうして、原石の中に封印されていた物質の持つ二面性（粒子性と波動性、形とエネルギー）が解けて、ダイヤモンドを通した光の秘密が解けたように思えた。

（追記）二〇〇一年十二月、あらゆる物の持つエネルギーを水に写し、結晶させ、それを顕微鏡で拡大して、見えない物のエネルギーの善悪を見事に美醜の姿として表現した写真集で評判の、『水からの伝言』の江本勝氏によって、ダイヤモンドのエネルギーは光のエネルギーという私の説が証明された。

この時より二年前と半年前の二度にわたって、エイトスター・ダイヤモンドを江本氏に渡して、結晶写真としていただいていたが、いずれも美しい姿にはなっていなかった。そんなはずはないと考えつづけた。そうだ、水の中にダイヤモンドを入れて太陽の光を与えてみようと思った。そして三時間、光を浴びたダイヤモンドの水は、見事な結晶となっていた。江本氏が出版されている月刊誌『波動』の二〇〇二年三月号の表紙を飾っている。

光を与えなくても人を癒すエネルギーは変わらなかったが、できれば時々、ダイヤモンドには太陽の光を浴びせてほしいという新たな願いが加わることになった。

31

心のダイヤモンド磨き

光の二面性を兼ね備え、人の気を中庸のエネルギーに調整してしまう素晴らしいダイヤモンドを持ちながら、なぜ人は感情を爆発させるのか。ダイヤモンドのエネルギーが人に及ぼす影響を研究しながらも、目の前で起こる感情の爆発を考え合わせつづけた。

確かにエネルギーは中庸なのである。しかし、乱れる。そして、エネルギーと意識の七層との関係が分かってきたように思える。エネルギーは、意識の七層すべての土台として影響を与えつづけている。特に意識の深い、霊体、宇宙体、統一体の理解と体感には、中庸のエネルギーは絶対条件である。ＥＡＶ五十のエネルギーなくして真の心の静まりはない。その前の問題として、七層のうちの極めて人間的な自我、感情・欲望体と精神体との関係がある。エネルギーが癒されていても激しく乱れる。しかし、少しずつ分かったのは、例えばＥＡＶで六十以上のエネルギー（気）での感情の乱れ方と、四十の乱れ方、そして、中庸五十の乱れ方が違うということであった。あれほど怯えても、エネルギーは違ったのである。エネルギーはいかなる時にも、それらの意識をよりやさしく穏やかに刺激しつづけている。だからこそ人は変わっていく。

そうなのである。極めて人間的であった感情・欲望体などは、魂そのものの進化に関係することとして、自らの意志で解放していかなければならないことなのである。魂の持っている、そぎおとさなければならない余計な部分は、自らの意識で削り取っていく。磨き上げていかなければ、魂の経験にならない。真の進化にはならない。そこにエネルギーも関係している。エネルギーの他に、意識の中庸、いや中道づくりが同時に必要なのである。

だから、乱れる。解放のための経験を積んでいる。そこに、人と人の心の関係があった。

私も強かった。ずっとそれが男の生き方だと思って、当たり前のように強い男だった。彼女は、すべの強さに抵抗してきた。私の男性性よりももっと強い言葉と感情で、対峙してきた。初め、それに私の強さが応えた。だから、もめたのである。私が引っ込まなければ到底納まらない。嫌々でも自らの強さを引っ込め、出さなくなっていった。自分の言いたいことを消したのである。しかし気がついてみれば、そんな時自らを主張しなくても何も不都合はない。引っ込んでいた方が実は、ずっと楽なことを分かるようになった。彼女の強さも、対するものがないならば落ち着いてきた。一つの自我が引っ込めば、一方の自我も弱まった。心を自ら乱すことがさらに小さくなっていった。

そうだ、まず私は彼女に、刺激する意識を削られていたのだ。心のダイヤモンド磨きの最初の工程をやっていたのだ。この世的には善かれと思いつづけてきたすべてをも削り取っていく。そして、でき上がるエイトスターの八本の矢印。中心から等距離に、強過ぎるものが引っ込んでまん丸となる。完成したエイトスター・ダイヤモンドの姿、形と心とのあいだにたくさんの共通点が読めるようにもなっていった。

1. ガードル編

エイトスター磨きの最初の工程は、ガードル作りである。ここがすべての始まりになる。そこは、ダイヤモンドのお腹の部分。現在のダイヤモンド業界の大勢は、このガードルを三十六面以上の平面を連続してつけて、小さなギザギザに磨いている。丸くはない。エイトスターは、最初からここを真円に仕上げる。しかも、ツルツルに磨かずに細かい曇りガラス状に削っていく。誤差は百分の二ミリ以内が許容範囲。

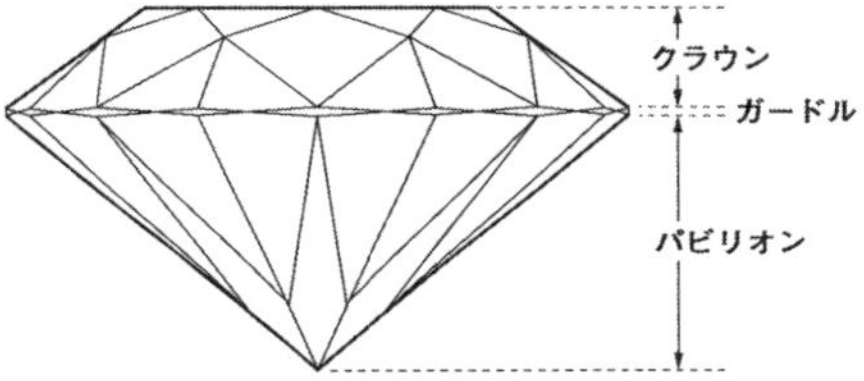

各部の名称

とにかく、円に仕上げたかった。後に、円は大きな意味を持つことになった。霊的な世界や精神世界に目覚めている者にとって、形はシンボルであり、エネルギーである。円は、宇宙のシンボルであり、心の完成の象徴でもあった。そんなことを知る由《よし》もない時代に、ただただ真円が我々の目標だった。

さて、この工程が、ダイヤモンドとダイヤモンドを擦り合わせてまん丸にする作業なのである。出っ張り（ギザギザ）を、まん丸にする。十年前までは、まん丸にしようとしているダイヤモンドを、原石を砕いた、より荒々しい尖りのあるダイヤモンドのかけらで、

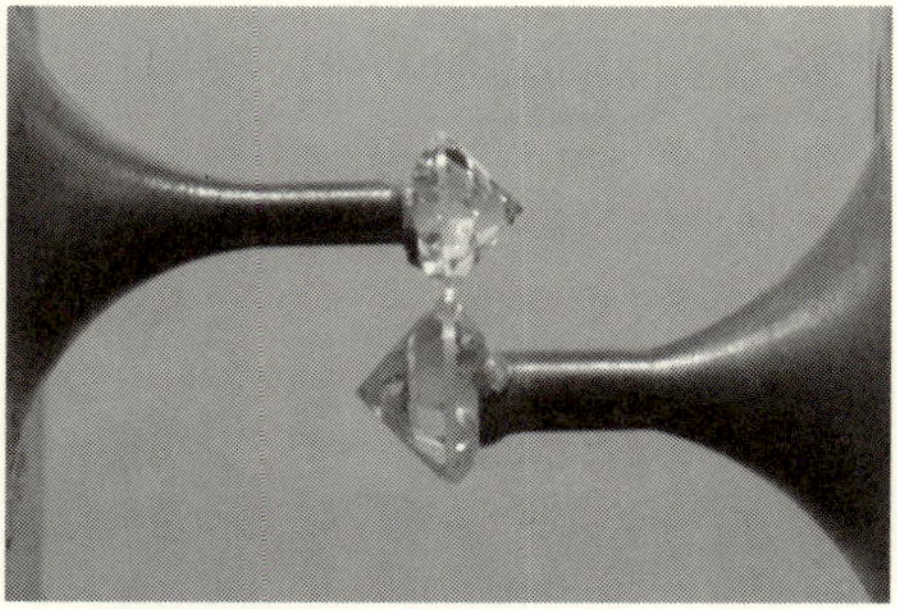

ガードル磨き

人の手を左右に揺すって磨いていた。一方を削るために一方を犠牲にする。

　現在は、コンピュータ制御の機械があって、写真のようにお互いに磨き合う。それぞれ一分間に二百二十三回転し、二十二秒ごとに反転する。二つのダイヤモンドが取り付けられた左右の台は、一方は固定され、一方だけが一秒間に一回の左右運動をしている。二つのダイヤモンドが、回転しながら交差する時に、すり合わされ、削り合うわけである。強過ぎたらダイヤモンドが欠けるし、弱過ぎたら削れない。微妙な関係である。ここが、人の心と心の磨き合いと、まったく同じなのである。ダイヤモンドはダイヤモンドでしか削れない。磨けない。人の心は人の心でしか削れない。磨けない。他の人の反応があって初めて自らの心の状態を知る。気づいた者だけが、強い部分や余計な部分を引っ込めたり取り除いたりして、心を丸くしていく。彼女は、ダイヤモンドの原石。二十二年人生の長い私は、ちょっと磨かれたダイヤモンドだったということになる。そして最後は、磨き合う。

　どうして長所を磨くのかって、気がついてみれば、どんなにそれが人のためになるものでも、強過ぎては余計な抵抗を生んで周囲との調和は取れない。長所といえども、他の人あっての長所。相手を抑えつづけるほどの長所は、抑えつけている本人はよくても相手はたまらない。ほどほどがいい。真ん中の中庸、いや中道がいい。

例えば正義感や道徳感や責任感などは、その典型である。確かに、人の心に大切な特性ではあるが、強過ぎては周囲とのバランスに欠ける。さらに強過ぎては、人の心に反感が湧き上がる。ネガティブなエネルギーが、止むことなく発した人に返ってくるだろう。

男性性もその一つ。男だけではなく、多くの現代女性も男性の性質を強く出すようになった。どんどん前に出て自立していく。自らを強く主張する。確かに素晴らしい特性だが、過ぎたるは及ばざるが如し。邪魔になって、自らに返ってくる。後々、人から離れた寂しい心がやってくる。出すものが強ければ強いほど、受ける心のダメージは大きい。

世話好きなど、本来はありがたいことである。しかし、過ぎると余計なお世話になる。

愛もそうだ。深いに越したことはない。しかし、深さが一方で強く出たり嫉妬になったら、一方は逃げにつながる。弱過ぎでは進まない。真ん中の程度がいい。愛の調和とは、決して一つになることだけではなく、お互いの核を保ちながらも距離を置いた、星々の関係。肉体とエネルギーは簡単に一つになれても、意識が一つになるには、お互いの心はまだまだ奥の底に眠っている。こうして自ら気づいて、バランスの人となる。長所も過ぎては邪魔になる。たくさんある長所を、エイトスターのようにまん丸い円の等距離になるように自ら削り取る。良さでも惜しげなく削り取る。

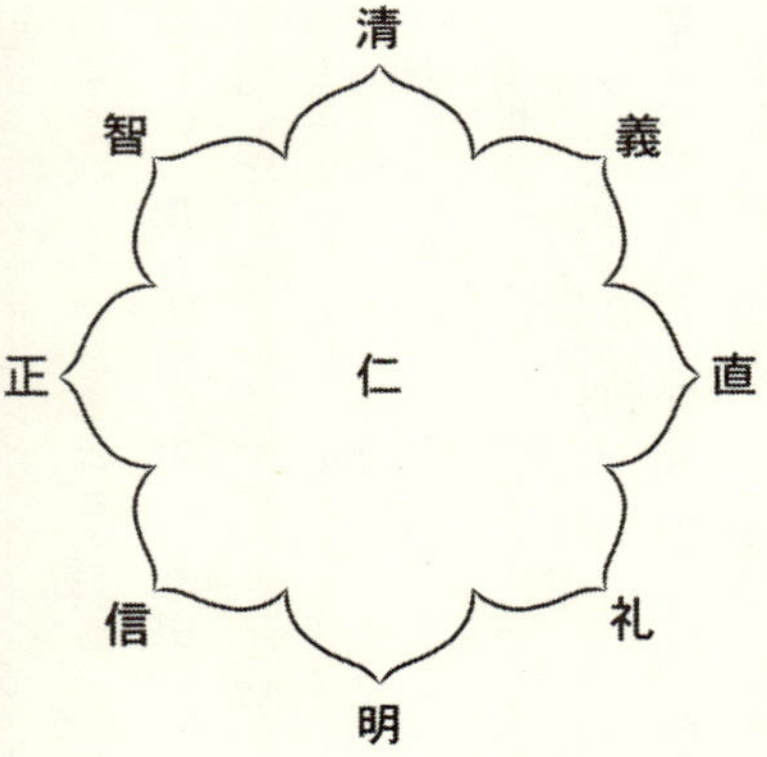

八徳

八咫の鏡

長所も欠点もないとか、欠点だらけと自信を持てない人には、皇室に伝わる心磨きを書き加えておきたい。大きな指針となるだろう。畏れ多くも、人の心に変わりはない。

エイトスターと符合するかのように、皇室には八陵《やた》の鏡（八咫《やた》の鏡）があるという。古神道の教えによると、八咫の鏡は、真円の鏡を神や心の象徴にする前に、皇室の人たちの心を磨く例えとして存在しているという。若い時代には、たくさんの可能性とたくさんの欠点をも持っている。たくさんの可能性は、八つの徳に代表され、欠点は谷間を埋めることだという。まん丸ではなく、八つの山形（出っ張り）がある八咫の鏡。図の如く八つの山形はまず、東西南北に清、明、正、直の性質を当て、残りの四方には義（勇）、礼、智、信をおいて八つの徳を表し、中心には〈仁〉を置いた。

清、明、正、直は、仁の精神の根本をなし、八つ

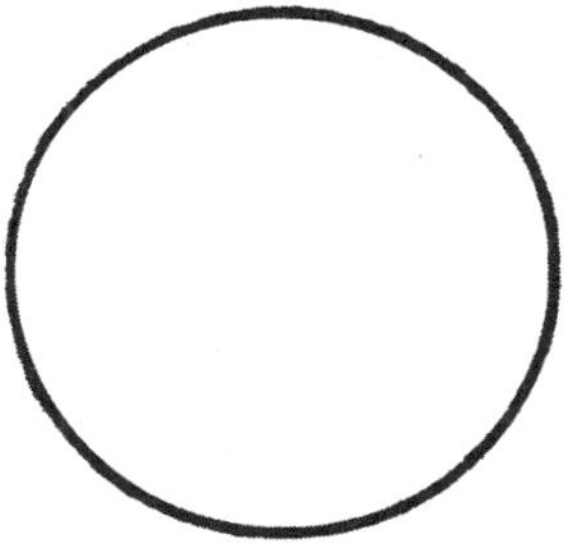

真円真澄の鏡

八咫の鏡上部

の徳はまた、仁の具体的な現れともしたという。最初の四つは神道的であり、残りの四つは孔子の起こした儒教の五常のうちの四つの徳である。そして、五常の一つでもある〈仁〉を中心に置いた。

ちなみに、〈義〉とは、行いが道徳倫理に適っていること。〈礼〉とは、社会生活をする上で、円滑な人間関係や秩序を維持するための規範。〈智〉とは、物の道理を知り正しい判断をすること。〈信〉とは、あざむかずいつわらないこと。

八つの徳を身につけた暁には、その心は、〈仁〉――他への慈しみ、いたわり、思いやり――そのものとなるという。真心である。

しかし、それで完成なのではない。これからが肝心なところである。

八咫の鏡の場合には、山形（出っ張り）を削り取っていくのではなく、その尖った先までの大きさの円にまで、八つの徳の間を埋める。角があっては、対立する力に壊される。その不足の谷間を埋めなければ完成ではない。この谷間（曖昧《あいまい》さ）を、間という。この〈間〉を埋めるのは、〈理〉ではなく〈情〉だという。情感ある徳こそが、気品ある心となるのだという。

こうして、八徳を象徴とする八咫の鏡の〈間〉が情で埋まった時、山形のある八陵の鏡は、まん丸の鏡へと昇華して、三種の神器の一つ、〈真円真澄の鏡〉となる。神の象徴、心の象徴となる。神と心との一体、完成である。

情で埋めるとは、すごいことである。長所を、温かさで包むもとである。例えば素晴らしい特性の一つ、清らかさ。もしも、何の感情もないままに、清らかさだけが表現されたら、折角の清らかさも冷たく伝わるだろう。礼があっても、そっけないものとなるだろう。

一度小さく削り取られた私の長所も、こうしてふたたび情で埋まって大きな円となる。長所がないと思っていた人にも実はある。出せなかったけれども心の内には必ずある。なぜなら、もともと心の奥底に誰もが持って生まれてきているのだから……。

自らの心の中にあることを気づいて、その一つ、例えば礼を出しつづけられただけでも、あなたは周囲で特別な人となり、自信に満ちた人となるだろう。真円と八本矢印は、心の長所と情がバランスよく調和した現れ、象徴でもあった。それは、真心の姿。

2. パビリオン編

そして次には、この長所の八本矢印を出すダイヤモンドの下半身、パビリオンの面の磨きである。まん丸のダイヤモンドいっぱいに折角入った光を、真上に反射させる。輝きのためには、最も重要な面である。

図のように、実線よりも内側の角度で磨けば、光は一見四方八方に反射するが、全面に渡らない。肝心要の真ん中に光の穴があく。ダイヤモンドでは、シャロー・ストーン（浅い石）と言われ、平らな石で嫌われている、透け石である。ダイヤモンドと心を対比するには、心が〝軽い〟〝重い〟という表現の方が分かりやすいだろうから、浅い石は軽い石。大きく見せる底浅の石。石を心に代えれば、そのままに通じた。

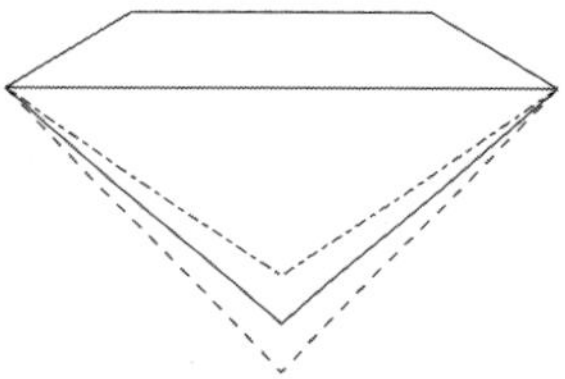

パビリオンの角度

一方、外側の角度で磨けば、光は半分くらいの量は反射して返ってくるが、全方位に放射されず真ん中に集まってくる。さらに問題なのは、丸いガードルの周辺に光が戻って来られない。光の逃げる部分が、ダイヤモンドの面の中で広くなる。したがって、戻ってくる光は少なくなる。ダイヤモンドでは、ディープ・ストーン（深い石）とか、一部ではシャム・ストーン（ごまかし石）といわれ、市場に最も多いタイプの石で、太った着膨れのダイヤモンド。業界の通称名では、樽石とも呼ばれている。下側のパビリオンと上側のクラウンに余計な部分がついた重い石。深い石は重い石。重く見せても中身のない石。

光を完全に反射する角度は、水平面に対して浅くても深くてもいけない。やっぱり中心があったのである。光を反射させる、絶妙な角度こそ、光の求めた中心の角度。それは、水平面に対し

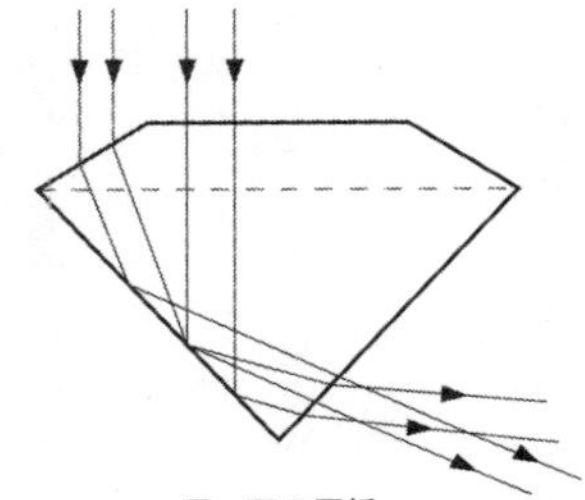

深い石の屈折

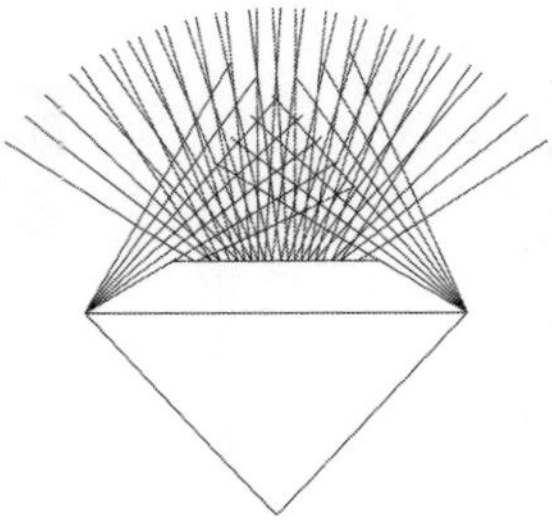

深い石の輝き

て四十・四五度から四十一度。ダイヤモンド上では、誰もなしえていなかった。光を見ながら磨かなければ、到底到達しなかった面づくりであった。

　ここに人の意識の真理があった。この面を心に映すならば、外から受けた人の光をどう反射させるかの大切な部分となる。人からの光とは、前記した八徳や、人の温かい真心や情報。受けたものを、返し過ぎても相手に負担になろう。通過させて返さなかったとしたら、何を考えているか分からない人となろう。人間性が疑われる。

　それは何事にもほどよい表現。強過ぎず弱過ぎずの気配りの部分。もしなのだが、頭を四〇・四五度から四一度まで、実際の頭ではなく、心の頭を垂れていたら、人の出す光の反射は、思いの十分にこもった光になる。

「頭《こうべ》を垂れる稲穂かな」

　下げ過ぎても下げずとも返る光が変わる。ダイヤモンドのパビリオンの語ることは、反射する光のバランス。真心のバランス。情で埋まった徳は、出す思いも温かさも言葉もそこに込められたエ

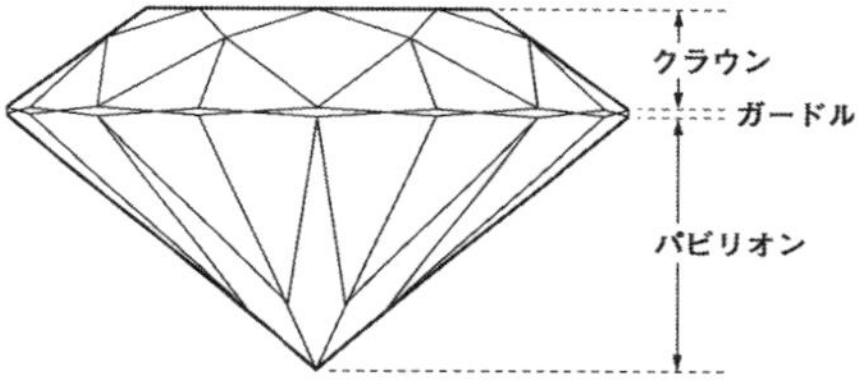

ネルギーも、強過ぎず弱過ぎずほど良い真ん中、中道の徳の現れ。真心の反射面。実は、この面が光の反射に忠実に磨かれた時にだけ、ダイヤモンドを上から見た時に八本矢印がくっきりと現れる。浅くても深くでも現れない。心に八徳が完全調和して現れるには最重要な面、心磨きのポイントなのである。この時、八徳と情を持ったまん丸の心が完成する。

分かりやすく、何気なく交わす挨拶で一つの例を書き加えよう。まず自ら出す光は、まん丸い光の反射の、「おはようございます」とする。それにどう答えるか。本当に人様々である。

無言のままの人がいる。そっぽを向いたままの人がいる。光の反射しない原石そのもの。

無言の中にも、感情の入った無言の人もいる。そっぽを向いたまま挨拶する人もいる。心の重いディープ・ストーン。何らかのわだかまりが心にある。抜けていく光。

華やかにも、大げさに過剰反応する人がいる。真ん中抜けたシャロー・ストン。

挨拶に温かい情があって明るく元気で、しかも顔を向けて頭も下げる人がいる。笑顔で答える人がいる。完全反射に磨かれたダイヤモンド、エイトスターである。

ただ存在する無反応の心があり、真ん中が抜けた軽い心があり、余計な重い心があり、ちょう

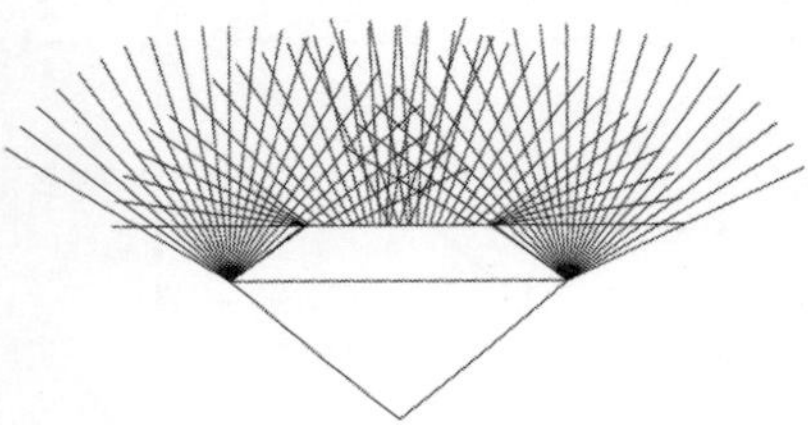

エイトスターの輝き

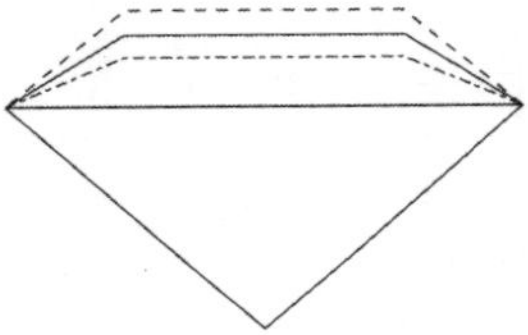

クラウンの角度

どよい心がある。挨拶は、光の最初の表現である。真心を反射させるには、素直な心でなければできない。心のパビリオン面は、無条件の〝素直さ〟の角度磨き。この面が素直な角度で磨かれた時だけ、上から見たダイヤモンドには、八本矢印の一つの星がくっきりと現れる。八つの徳は、素直な心から発したものだけが、明確に伝わることも語っているのである。

3. クラウン編

そして最後に、その反射した光が、美しい七色の輝きとなって、外に飛び出るクラウンの部分。たった一本の白い光が、三十三の面から、四方八方に放射される七色の輝きの面。七色の輝きは、光の華、美しさの表現の面である。七色に輝く面は、ダイヤモンドの斜めの部分。内部反射してここから飛び出す光だけが、七色の美しい輝きの世界を表す。

しかし、水平面に対して低い角度で磨かれると七色が出にくくなり、高く磨きすぎるとそっぽを向いた方向に輝きが抜けていく。真上に対して出ていくものを中心に、広い角度に輝きは向かって行かない。七色の華を咲かせるには、ここにも三十四・五〇度と周辺の面づくりの大切な磨き方があった。

このクラウン面、心に映すならば真心の表現面。角度が低ければ表現力が欠け、高ければ表現が方向違いの大ぼけのものになる。折角心のうちで反射した真心が、最後の表現の段階で伝わらない。伝えたい思い（情報）が伝わらない。


アメリカの社会心理学者の研究によれば、人から人に伝わる情報のうち、内容そのもの、話していることそのものは、たったの七パーセントしか伝わらないという。確かにそうだ。人の話を一時間聞いて、覚えていることなんて、たった二言三言であろう。何と、九十三パーセントもが、違うもので伝わっている。それは、四十八パーセントの体から発する感じであり、残りの四十五パーセントは、声の持つ特徴だという。ボディ・ランゲージと、声の気持ちよさや、言葉の持つ特徴や、独特のしゃべり口など……。だから、ノートだけを読んでいた大学教授の授業がつまらなかったのだと合点がいったことを思い出す。

正しい話をしているとしょう。その人の話すことが、本当に伝わるには、人そのものから受ける印象や話し方にも、信頼がなくば中心の七パーセントも伝わるまい。強過ぎてはうるさかろう。その人全般から受ける感じと声の持つ特徴が、真ん中の核、七パーセントの情報とともに、聞き手の心の奥までも伝わっていく。心のダイヤモンドのクラウン面、表現は、その人の体から、声から、言葉から伝わっていることを教えているのである。何よりも、心の底からの笑顔は欠かせまい。笑顔をもって話すことのできない人の多い中、笑顔それだけでも四十八パーセント分は伝わるだろう。

そしてさらに、七パーセントの核の話の中に、様々な情報が語られる。真心から発した、たくさんの内容のある知識、情報。肉体の話題、心の話題、意識の話題に、天空の話題。スポーツに、文化芸能に……。それは、七色の表現。

光の世界では、すべての色を合わせると白になる。物質界では黒となる。白い光がダイヤモンドを通して大元の七色に分かれる。したがって七色の世界は、ずっと遠い見えない世界。真実の世界。体の中に入って、それは心の世界。この世の知識だけではなく、心の世界の真実が含まれる。情報は深く広くなり、話題は豊富になるだろう。

見えない世界の伝えることとは、古神道の伝える〈仁〉。イエスが説いた〈愛〉。仏陀の説いた〈慈悲〉。人の心の奥底に包まれている〈仁、愛、慈悲〉。私にも、ようやく分からなかった愛が分かるようになった。すべての意識層が磨かれた心の核、中心に、静かにありつづけた領域。そこは真心――仁、愛、慈悲そのものの地。天につなげば、神そのもの。こうして心のダイヤモンドが、完全反射のエイトスターの心になる。

心のダイヤモンド完成。闇には一切の反応をせず、しかし、わずかの光にでも反応する心。光に敏感な心。天と人の真心に敏感な心。それは、永遠の仁、愛、慈悲の世界。仁、愛、慈悲の意識から発するすべてが花開き、伝わる。心のダイヤモンド、エイトスター完成。人の心に光の姿、完成。それは、意識の中道。

実はこうした心磨きが、人の健康と幸せのために、どうしても必要だったことが分かる。それは精神の中道への道。エネルギーが中庸になっただけでは完成しない、肉体内の秘密。精神の中道の必要を実感した時、さらに今エイトスター・ダイヤモンドが生まれていたことに、心から感謝するようになるだろう。それは光への感謝なのである。

こうして西暦二〇〇〇年の区切りに、ダイヤモンドは心磨きの象徴となった。錬金術師たちの求めた賢者の石となった。

ダイヤモンドに導かれてつづいた探究の人生。言葉と知識としては知っていても、まったく分からなかった宇宙の真理や宇宙の法則。ずっと遠い外にあった真理や法則が、一つ一つ現実界の不思議に出会う度に、自分の方に近づいて来た。そして最後は、体の中心に納まった。心をエイトスターのように磨いた土台に、さらに太陽系宇宙の調和がどっしりとあった。太陽に、月に、地球に、たくさんの星々たち。男に、女に、母に、子たち。ここまで来るのには、我が霊的な母、シャーリー・マクレーンの書『アウト・オン・ア・リム』の連続だったように思える。

新しい果実を得るには、枝先まで行かなければならない……。

人は一人では変われない。気がつけない。引き上がれない。光を知ることができない。人には人が必要なのである。

今我らエイトスターを持ちし者、天の光を受け止め完全放射させるダイヤモンド体となれり。

なお意識は中道で、エネルギーは中庸なり。

人は誰も心のダイヤモンドを、光を全面反射させるダイヤモンドとなし、ダイヤモンドそのものとなる。

光そのものとなる。

そして次には、人を光に導く人となる。

我シルクロードに在りしとき
　北斗七星を信仰し
　　いま八星となりて　光放たん

エピローグ

祭

六月九日——一年にたった一日用意されていた陰と陽が一つになる日。合わせて丸いタオのマーク。男性性と女性性がバランス良く調和した心を象徴する日。それは地球。陰陽和合の催しを一九八九年から始めてきた。ちょうど二〇〇〇年の年、〈歌垣〉という祭があったことを知った。春と秋に、海や山で行われた歌い合いの祭。その日は、男女の性が自由に交換できる日だったそうである。現代は、肉体そのものではなく、男性性と女性性を一つにする日。楽しく遊んでいこう。

八月八日——新しい私の誕生日。いつ誕生したか分からないダイヤモンドも一緒に誕生日にしてしまおう。再誕生——リバーシングの日。今までの価値観を解放して、新しい価値観を毎年自らの意識に取り入れる日。二十一世紀から始めた催しである。

十二月九日——数霊でいう天と地の完成を意味する日。太陽系の中心、太陽の完成の数十二と地上の数霊完成の数九。この日、地の世界で完成した物を天につなぐ意味を持たせて天地完成の催しを一九九二年から始めてきた。祭は天地をつなぐ大切な儀式だと分かったのは、二〇〇〇年に入ってからのこと。

そうだ、催しを祭に変えよう。完成したダイヤモンドを天につなげよう。この日を、〈ダイヤモンド大祭〉の日としよう。

祭ならば、ダイヤモンドの祝詞が必要になると神道の祝詞を参考に、色々考えていた二十一世紀を目前にした二〇〇〇年十二月のこと。会うべくして会ったと思える『神々のコトバ』の著者、築島隆宏氏はおっしゃった。

「田村さん、祝詞じゃない。祈りにしなければいけません。しかも、祈りは天にするものでもありません。あなたには、祈りに相応しい多くのお客様が光の象徴のダイヤモンドを持って日本中にいるではありませんか。

今そのダイヤモンドは、一つ一つ分断されています。霊的にもつながっていません。その一つ一つのダイヤモンドを見えない糸でつなぐのです。あなたが、その糸に祈りを乗せるのです。その時、一つ一つの光は、線となり、面となり、包まれて大きなエネルギーとなります。つながれた線は、ネットワークとなって、広がっていくのです。そのネットワークに、あなたが一人祈りを込める。

まずは、持つ人たちの健康と幸せを祈る。そして、光に同化することを祈る。そうした祈りを行った時、今までにも増して強い見えないエネルギーが、祈りに乗っていくのです。人々を守り助けるのです。不思議が起こるのです。それが、あなたのやるべき祈りです。それが、あなたの使命です。それは、光のエネルギーとなって、美しく輝きつづけることになるでしょう。そして、世界の平和をも祈りに乗せてください。愛のエネルギーを、光に昇華させていってください。祈りのあいだに気になる人が現れたら、その人に連絡をしてみてください。田村さんは、光の祈り人なのですよ。それは、大変なことなのです。頑張ってください」

納得して、自分なりの祈りをしていた。しかし、どうしてもエネルギーが流れない。だいいち、作法も分からなかった。

二〇〇一年の最初の六月九日の陰陽の催しも、八月八日の再誕生の催しも終わり、肝心の十二月九日のダイヤモンド大祭も、特別な祭の体制が整わな今まに迎えようとしていた十一月のこと。求めつづけていた私に天は、新しい導きの人を引き合わせてくださった。簗島隆宏氏に祈りだと言われてから、一年が経っていた。

ある祈り人の紀行文の中に気になる一文があるのでと言って、津田祐子さまというお客様が一冊の本を持って来られた。四国高松にある田村神社参拝の折の文中であった。

ダイヤモンドをもって石挙剣となせば、神光あまねく全天に及ぶ。丹後半島は、石挙の剣を打ち振る神座なり。イシコリトメの神が御手に執る神剣、石挙剣《いしつかのけん》、即ち石柄剣……。

田村神社に、ダイヤモンドに、不思議な剣に、神光全天に及ぶにと、私の心に強くフックした。

石柄の剣にエイトスターを入れなければならない。お会いしたいと思った。

祈りの人は、日本神道を極め日本の各地で祈り、導かれて世界へも出かけ、その場の神と直接対話して世界を調整している日垣宮主さまという人であった。いただいた本には、考えたこともないことが記されていた。

精神世界に目覚めると、日本の国は世界の縮図の形をしているという話をよく聞くようになる。確かに五大陸の縮図となっていた。偶然がないとすると、確かに何かを示唆されているように思える。しかし、それでは日本は何なのだろうと説いた人には未だかって出会わなかった。宮主さまは著書の中で説いていた。


日本人は、地球と人類のために祈る民族である！

日本列島は、巨大な祭祀聖霊体である！


世界の五大陸を凝縮した形をしたのが日本なのではなく、もともとの日本列島が世界に拡大していった。だから、世界のことは日本から始まる……か。それは分かりやすい。しかも、世界平和は、日本の国の魂が関係している。日本が世界の大元で、国そのものが祭祀聖霊体で、そこに住む日本人が日本国の魂を目覚めさせる祈りの民族であるという。これならば、世界の縮図の意味が解ける。ただの形が世界の縮図であるあいだは、それ以上のことは何も起こらない。神もそんな形だけの理由で、縮図として日本の形を置かないだろう。しかし、世界の平和のためには、日本の国の魂の活躍が必要で、その国魂にエネルギーを送るのが日本人なのだと語る。この言葉は新鮮なだけではなく、よく魂に響いた。世界平和をやみくもに祈っても、今まではむなしかった。何かが抜けていた。しかし、これならば納得がいく。想いは瞬間的に、ダイヤモンドでの祈りにつながっていた。

二〇〇一年十一月十六日、神奈川県の西丹沢湖の奥にある中川温泉郷にある日垣の庭。かぐや姫の物語に出てくる、おじいさんのような人であった。

「石挙の剣は、この世のものではないんです」

神の世界の話だったのだと簡単に納得していた。そして、

「あなたは、ダイヤモンド神界のスピリットなんだね。だからダイヤモンドを完成させられた。しかも、鼓動ダイヤモンド神界だよ……。そこが悟れると自分のやることが分かってくるんだがね……。そうすると何もかも良くなる。一つ宿題です。北極星を研究してみなさい。大きなヒントになるでしょう……」

ダイヤモンドの神界があることは漠然とは思っていたが、実感はなかった。さらに鼓動ダイヤモンド神界とは……。かいもく見当がつかなかった。目の前で何とかなりそうなのは、まずは北極星だと思った。

住んでいたマンションは、都内では珍しく南北に正対して建っていた。しかも、二階式で南北に部屋があった。十二階だった。寝室の窓際に座って顎を上げた位置に、静かに北極星が瞬いて

いた。あらためて見る北極星は、不思議な星だった。不動だった。地球にとっては北の指標でなお、天の柱のようだった。人生で初めて、星の世界を考えるようになった。いったい霊的には、どんな意味があるのだろう。

北極星の真下には偶然にも、二年間お世話になっている古神道の導きの人、山蔭管長のマンションがあった。不動の指標か……。宮主さまの話も、山蔭管長の二年間の導きがなければ分からなかったか……。できすぎの共時性だと思った。

北極星、あらためて眺めれば北斗七星の先にポツンとあった。突然、「これは八星だ」と心が叫んだ。天のエイトスターだと思った。人にも例えられた。人間の七つのチャクラの先に、もう一つ重要なチャクラがあると聞いた。頭の上の空間にあるらしい。ここを意識に取り入れないと、七つのチャクラもスムーズに開かないとか。まるで、北斗七星に対する北極星のようだ。スター・チャクラといわれ、人間の見えない空間の軸であり、天とのあいだの重要なスペースであるらしい。何もかもが、エイトスター（八星）をキーワードにして一つにつながり始めていた。

２９４ページに書いた「我シルクロードに在りしとき、北斗七星を信仰し、いま八星となりて光放たん」は、一九九二年に突然閃いた言葉だったが、ただシャレて使っていた。物言えぬダイヤモンドに代わって詠んだ歌だった。「シルクロードに在った時には、まだダイヤモンドは磨かれていずに、ただの原石。自ら輝くのではなく他に輝く北斗七星を信仰していた」という意味であった。前世から今世の自分自身の気持ちも乗せていた。

何かが動く。しかし、ダイヤモンド神界と自分との関係や、北極星の意味も何も分からなかった。祈りの言葉などさらに想いの中に湧いてこない。厄介なヤツである。

十二月二十日、あらためての訪問となった。

「鼓動ダイヤモンド神界というのはね、命の始まりっていうこと。ここが発動しないと、すべての生命が動かない。そこを分かって、祈る人になるのよ……」

命を呼ぶのも、永らえるのも、太くするのも、このエイトスター・ダイヤモンドに鼓動ダイヤモンド神界をお迎えして祈るのだとおっしゃる。そしてさらに、

「いわくらだよ……。考えさせようと思ったんだけれども、教えちゃったね……。あなたがやるの。あなたの役目なの……」

北極星が関係しているらしい。北極星は、霊的には大元霊であり、霊火《たまび》を灯す星らしい。太陽や月や地球が、人の心の象徴になっていることまでは理解できていたが、星がどのような象徴になっているのか、まったく考えたこともなかった。きっと、太陽や月や地球と同じようにあるのだろうし、分かる人にはすでに分かるのだろう。

また大きな導きの人に出会ってしまった。この世側から物を見るのではなく、神の側から物の判断ができる人。ありがたいことである。そして、さらなるお智恵をいただいて、ごくごく近い将来何気なく、私はきっと一人、ダイヤモンドの岩座ならぬ磐座（神の御座所）を前にして、静かに祈る人になっていることだろう。

人々の命が健康と幸せの中で全うされることを……。

命ある中で魂ができるだけ進化されることを……。

余計な争いをけしかける神ではなく、調和の神が人の心に弥栄えることを……。

世界中がエイトスターのごとく完全調和して存在しつづけることを……。

そしてそれらの祈りは必ずや、すべての人の持つエイトスター・ダイヤモンドにつながり、あなたに引き継がれることだろう。

ここまで導きつづけてきた我がエイトスター・ダイヤモンドの道。これからもつづく道。

表ではダイヤモンドの真実を啓蒙し裏で祈る。これこそが最も私の魂の落ち着く姿のように思えて、新しい年二〇〇二年の一人となった。

あとがき

「田村さんの人生は、文字どおり生活行ですね。生活行は遠回りで時間がかかりますが、一番安全で着実な道ではあるのですが……」

七年ぶりに会ったシュタイナーの実践者、川手鷹彦氏がしみじみと言った。

そんなつもりは無かったが、魂の成長を願った時から、結果的には生活そのものが〈行〉となっていた。いや行にしていたのだろう。いかなる時にも自らの内側、心の問題としてとらえつづけるようにしてきた。時々爆発したいほどの衝動に駆られることもあった。しかし、魂のレベルに気持ちを落としつづけた。

そして今心の底から言えることは、

「今の心境や意識レベルには、この経験がなければ到達しなかった。どんなに知識で分かったとしても、この魂の状態にはならなかった。これしか、私にはなかったのだ」と。

私は特別な時間を作って何かをすることが好きではなかった。たとえそれが勉強でも、ダイニットでも、心の修行でも……。本来は怠け者で横着者なのだろう。生活しながらの、ながら族が一番いい。自然に目的に到達できるのが一番いい。そういう意味で、私は生活派、三次元の現実派。同じ時間同じ人生を過ごすならば、その中に目的のものがすべてあることが一番いい。私には一番相応しい。

そのながらの行には、ソウルメイトが必要であった。魂の成長を願った瞬間から、見えないエネルギーは彼女を近づけた。思いもしないことがつづけて起こり、単純な関係ではないと心底思って突き進んだ。本当に大変だったけれども、ここまで来られたのは、あの時の劇的なことの連続があったからだと言える。相手がソウルメイトだったからつづいたのだ。

ソウルメイト。何といい響きなのだろう。霊的な世界や精神世界に目覚めると、ある主の憧れを持って言葉にする。そして確かに、私はソウルメイトに出会った。それは人智を超えたときめきの連続であった。それまで得た知識では計ることができなかったからこそ、まっすぐに進むしかなかった。そして、今はっきりと言える。

人は間違いなく、心（魂）をきれいにするために、ソウルメイトに出会うと……。

ソウルメイトは、心の曇りをあからさまにする関係として現れてくるのだと……。

心は外からの刺激がなければ、どのくらいの〈我〉が積もっているのかは分からない。外から刺激されたことにどのような反応をするかで、それは初めて分かるのだと……。

だから、心を刺激する人はすべて魂を磨くために出会ったソウルメイトなのだと……。

ならば、世の中にはソウルメイトが溢れている。自ら進んで経験してみて、それがよく分かった。分かってみれば、特別な出会いなどなくても日々出会っていることに気づいた。人は誰も、日々心を乱されて生きている。どうして乱れるのかを探究するようになると、すべての人との関係が魂的な出会いであることが理解できるようになるだろう。

精神世界でいわれるように、偶然は一つもなくすべてが必然だという。心を深く探究しようと思った瞬間から、確かにそうだと分かる。何一つ無駄は無い。無駄にしているのは、自らの我、理や感情や欲望である。

〈愛〉ですよと言われても、愛が何だか分からない。知識や言われることだけでは、少しも理解しようとしない分からず屋の私には、これでもかと分かりやすい出会いを天は用意してくださった。振り返ってみて、本当によかったと思う。もしも、この人生がなければ、私はたくさんのことを頭で理解しただけで話し、生きていたであろう。実体験は不動のもの。人は、体験によって意識を解放できる。意識の血となり肉となる。そして、とにかくここまで来た。この経験が、もしなかったとしたら、今何をしているのだろうか。意識の深層を少しでも掘り下げられた今、この家族との出会いと起こったことすべてに心から感謝している。三人の子供たちが生まれてくれたから起こったたくさんの試練だったけれども、子供たちがいたからこそ乗り切れた。気がつけた。子供たちもソウルメイトの一員だった。ソウルメイト万歳。さらに、天の意思を示しつづけた自分の中と外の見えないエネルギーにありがとう。そして何より、私を導きつづけたダイヤモンドに魂からの感謝を捧げます。

そしてあの怯えた日々、お世話になった人たちにも感謝をさせていただきます。特に、私が最も恐れつづけた日々、あいだに立って私の使者となったり、彼女をなだめたりもしてくれた、当時の秘書で今は共にはいない、荒木浩子さん。つらい時、やさしい聞き役としての話し相手になってくださった、佐世保に住む平原寿子さん。子供の保育園の父母で、クタクタになった私のエネルギーを元気にしてくれた宮沢裕子さん。そして、彼らに会うと一瞬に子供たちのエネルギーが、無邪気に回復する倉島素直・真澄夫妻。この二人に子供たちはどれだけ魂を救われたのだろう。感謝にたえない。共に居てくださって、ありがとうございました。

そして最後に、出版でも天は動いてくださった。原稿が完成した二〇〇一年の六月から、縁のある出版社に原稿を渡していたが、二社に断られていた。この本、出ないのかもしれないと思い始めていた。そして、二〇〇一年も十一月になっていた。

「田村さん、久しぶりです。今度『ドルフィン・ヒーリング』という本を出しましてね、ちょっと目を通してもらいたいんですよ……」

直接話をするのは、十二年ぶりになるだろうか、コスモ・テンの高橋社長だった。訪ねてくださった社長、イルカの本は売れてしまって今手もとにないとおっしゃる。変な再会であった。

「その後どうなの？　本は出していないの？」と尋ねてきた。意外な展開である。イルカさんのつなぎであった。預かっていただいた原稿を読んだ社長からは、びっくりする電話が入った。

「いやぁ田村さん、身につまされてね。もう四回も読んだよ。これうちで出させてよ……」

分かってくれる人が突然に現れた。霊的な探求が始まると、多くの人に起こることがある。異性との出会いである。高橋社長もその渦中にいたらしい。こうして第三作目は出版されることになったわけである。感じてくださった社長に感謝するとともに、やはり霊的な経験が橋渡しになったという意味では、天のお遣い、見えないエネルギーにあらためての感謝を捧げつづけたい。

最後に、面倒な編集に手を貸してくださった坂井泉さんにも感謝を捧げます。ありがとうございました。

最後の最後に、やはり何があっても、玲子改め安祐子ちゃん、ありがとうございました。これからもよろしくお願いいたします。

（二〇〇二年一月十一日　記）

――ボクへ

私が世界で一番好きな人は、ウォルト・ディズニーです。そして、二番目がボクです。どうしてかというと、めちゃめちゃ格好良かったけど、何よりも忍耐強い人だからです。自分でも何だか分からない、切れまくった状態を我慢してきたのですから……。怒鳴るだけで電球がいくつも切れるほどのすさまじいパワーにも耐えたのですから……。スゴイ、スゴイ、パチパチ!! というわけ。それに、小さい時のもう一つの夢も叶ったし……。

でも山藤先生に、名前を変えてもらってからか、小さい時からの、理由もなく、何の脈絡もなくイライラする気持ちがなくなった。これは、すっごい奇跡です!! 大感謝です。

山藤先生、世界平和と私のために、ずっとずっと長生きしてください。

ボクと一緒になって十年目に入りました。最初は、やんちゃでわがままな高校生の坊やだった田村は、やっと私のお藤で、立派な聖母マリアのようになりました。私が、ある決心をしたのは、忘れもしないカレー・ライスを作った日のこと。「ラッキョと福神漬けはある?」と聞くボクに、「ない」と答えたら、有無も言わせず、「買ってきて」と言われて、歩くのもつらいほどの大きなお腹で買いに行った時。しかも雨だった。泣きたかった。その時、「この男、調教しなければならない……」と強く思った。

それからだったんだけど、よく頑張った。でも、まだ発展途上です。田村のことを昔から知っている私の知人は、「やさしくすると、つけあがるよ……」と、良きアドバイスをくれました。つけあがるようなことがあったら、また磨きます。でも、本当によく頑張ってくれました。ボクも、どうか元気で、ぼけないで、長生きしてください。そして、楽しい人生を過ごして行こうネ。老後は面倒を見るよ！　九十歳までは生きてください。私こそ、ありがとう!!　これからも、よろしくで〜す。

安祐子

著　者

田村　熾鴻

Taruhiro Tamura

2000年5月駿禮（たかのり）より改名。本名富保。1941年2月1日生まれ。1963年3月法政大学経済学部卒業。翌年8月日本アメリカーナ（株）入社。1969年ソニー専門商社（株）オーディオ・ビデオ設立。1984年（株）グッドカンパニーにて、ダイヤモンドビジネス開始。1985年10月、エイトスター・ダイヤモンド完成。著書には、1989年12月刊行『地球はダイヤモンド』（地湧社）、1992年12月刊行『マインド・キャラット天孫』（たま出版）、1999年6月刊行『婚約指輪を買う前に』（三五館）がある。

田村　安祐子

Ayuko Tamura

本名佐藤玲子。1962年10月20日生まれ。

ダイヤモンドの道

発行日
2002年3月20日初版

著　者
田村織鴻・安祐子

編　集
坂井　泉

装　幀
相澤靖司
（GALLAP）

発行者
高橋　守

発行元
株式会社　コスモ・テン
〒105-0011
東京都港区芝公園 2-11-17
☎ 03（5425）6300
FAX 03（5425）6303
http://homepage2.nifty.com/cosmo-ten/
E-mail:cosmo-ten@nifty.com

発売元
太陽出版
〒113-0033
東京都文京区本郷 4-1-14
☎ 03（3814）0471
FAX 03（3814）2366

印刷
中央精版印刷株式会社

製本
井上製本

万一落丁、乱丁の場合はお取り替えいたします。

ISBN4-87666-081-6

ひふみ新世紀

神も人も禊ぞ

『ひふみ神示』が解きあかす近未来への指針
(ひふみ神示より主要部分を抽出したダイジェスト版)

岡本天明著
B6判並製248ページ
定価(本体1,600円+税)
ISBN4-87666-074-3

人間を幸福にするには心の向け方一つであるぞ。何事も天から出てくるのぢゃ。天からとは心からのことぢゃ。宇宙は人間の心のままと申してあろうが。心くらくては何も判らん。世の中は暗う見えるであろう。真暗に見えたら自分の心に光ないのぢゃ。心せよ。自分光れば世の中明るいぞ。より上のものから流れてくるものにまつりて行くこと大切ぢゃ。

(第三章　人間より)

TEN BOOKS
コスモのテンブックス

大切なのは心とからだの美しさ

ことばの宝石箱
――愛と癒しのメッセージ

目を閉じてぱっとページを開いてみてください。
それがあなたに必要なメッセージです。

《愛するということ》
本当の愛とは
その人にとって
必要な事を必要なだけやってあげるものです
その人にとって今は一時的に良くないかもしれなくても
後々のためにその人に必要な事を与える事です
その愛にはエゴはいりません
それが愛するという事です

（本文より）

愛場千晶著
B6変型判並製192ページ
定価（本体1,400円＋税）
ISBN 4-87666-069-7

あなたの神話
――アセンションのサイクル

ドリアン・G・イスラエル著
松岡敬子訳
A5判並製288ページ
定価（本体2,136円＋税）
ISBN 4-87666-054-9

人生は「たのしむため」の謎です。

最後のワークを体験しながら、あなたはすばらしい贈り物を受け取るでしょう。
それはあなたがほんとうはだれであり、なぜいまここにいるかについて思い出す「変容」という贈り物です。
アセンションのサイクルとは、魂が進化し次元上昇を経験するプロセスです。
賢明なすばらしい教師はあなたの内部にいて、この本はその叡智を呼び起こす手助けとなることでしょう。

TEN BOOKS
コスモのテンブックス

大切なのは心とからだの美しさ

プレアデス+かく語りき

バーバラ・マーシニアック著
大内　博訳
A5判並製320ページ
定価（本体2,330円+税）
ISBN 4-87666-044-1

今、明かされるDNA操作による地球支配の真相!


三十万年もの期間にわたって、地球は支配されてきた。

今、人類と地球は、本来の光と愛を取り戻し、宇宙の孤島状態を終えようとしている。

バシャールのチャネラー、ダリル・アンカは、本書について書いている。『夜明けをもたらす人々（BRINGERS OF THE DAWN：邦題「プレアデス+かく語りき」）』は、私たちの内的な光をともし、霊的成長へと導く原理を明らかにし、創造性とポジティブな方向に注意を向けさせている。それはいかなる状況においても私たちの本来のパワーを再生させるだろう。

プレアデス+地球をひらく鍵

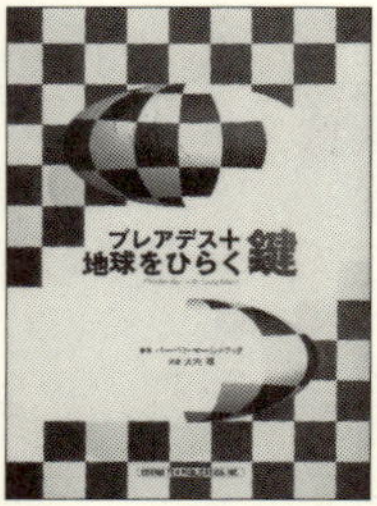

バーバラ・マーシニアック著
大内　博訳
A5判並製356ページ
定価（本体2,700円+税）
ISBN 4-87666-049-2

思い出してください、あなたを…

意識を旅する壮大な十二の物語

地球の内部に横たわっている秘密を理解するには、あなた自身のなかにある謎を解く必要があります。

あなた方はこの時期に地球に存在するという素晴らしい贈り物を与えられました。この贈り物はあなた方自身が自分に与えたものです。女神を抱擁することによって生きた図書館が開かれ、母なる地球の胸の奥深くに秘められた秘密が明かされるでしょう。

TEN BOOKS
コスモのテンブックス

大切なのは心とからだの美しさ

プレアデス 銀河の夜明け

西暦二〇一二年、マヤ暦の終わりに
地球は新たな次元に移行する！

人類の創世期から地球にかかわってきたプレアデスの女神が語る、二万六千年におよぶ遠大な計画と、地球人類への緊急メッセージ。あなたがた現実が、地殻変動や天候異変の増加、微生物や元素のアンバランス、感情と知性の深刻なストレス、暴力と政治的操作のおそるべき激増などによって、ますます困難になってきたことは気づいているでしょう。一九九八年から二〇〇〇年にかけての移行期は、地球の産道を通して、本来の故郷である天の川の銀河に生まれ落ちるプロセスです。
「日本語版読者へのメッセージ」より

バーバラ・ハンド・クロウ著
高橋裕子訳
A5判並製336ページ
定価（本体2,800円＋税）
ISBN 4-87666-059-X

プレアデス 光の家族

時代は今!!　支配・被支配からの脱出

私たちは何者か？　道徳の誠実さや愛、パートナーシップはどこへ？　自分自身のアイデンティティを問われる時代がやってきた!!

予測もつかない変化によって新たな体験が生まれ、最も偉大なチャレンジによって最高のチャンスが訪れます。

環境、経済、暮らし、豊かさ等、全ての変容はまず「受容」することから始まります。あなたは何を選択し、何を受容するのですか？

新世紀、至福千年の幕開けを祝福し「光の家族」のメンバーとして銀河文化創世のうねりに参加しましょう。

バーバラ・マーシニアック著
愛知ソニア訳
A5判並製314ページ
定価（本体2,600円＋税）
ISBN 4-87666-070-0

TEN BOOKS コスモのテンブックス

大切なのは心とからだの美しさ

コスモ・テンはこんな会社です

精神世界系の出版物を刊行し続けて15年。
台東区東上野の仮事務所からスタート。
品川区五反田戸越、大田区雪ヶ谷大塚、山王、渋谷区代々木、港区芝公園と、
まるで銀河の流れに乗ったように、様々な光を放ちながら宇宙を旅しています。

コスモ・ず・ハウス

読者の皆様の憩いの「やかた」。敷地300坪、建物100坪、宿泊室3、大ホールを備えています。不定期オープンですが、10名までの宿泊が可能です。精神世界関連の本を集めた"銀河の森図書館"には、約1万冊の蔵書があります。夜ともなれば庭でガーデンパーティー。たき火を囲んで、満天の星空のもとでワインはいかが。

コスモ・テンの高橋社長を囲んでのお話し会など、イベントも時々やっています。

素敵な山小屋でのひとときを、ゆったりとお過ごし下さい。

電話　03(5733)4733　　0265(98)1040
新宿から直行バスがあります。終点、伊那里駅下車徒歩約2分。乗車券はJRみどりの窓口プラザ、セブン-イレブンでも購入できます。南アルプスの山々に囲まれて標高900m。アルファ波漂う高く青い空、白い雲。なんにもしなくても安らぐ不思議な空間です。

気の里、長谷村

世界でも有数の気が吹き出る所「分杭峠」には毎日多数の人々が訪れています。その方々がセミナーやワークショップ、また、個人での旅行を心身共に快適に過ごせる施設が、生涯学習センターです。長谷村は村全体がパワースポット。生涯学習センターを宿泊利用される方々から、数々の素晴らしい証言が寄せられています。私たちは生涯学習センターの設計構想から参加し、数々の工夫やアイデアを提供して、広告宣伝を担当してきました。現在、その宿泊申し込みを受け付けています。

南アルプス生涯学習センター東京連絡所　電話　03(5425)6319

銀河の森・HASE

コスモ・ず・ハウスを中心に無農薬農業に挑戦しようとしています。近い将来、読者の皆様の食卓を美味しい野菜たちが飾るかも知れませんね。

理想の村づくりをご一緒にいかがですか。参加していただける方は今からご登録ください!!

出版希望の方々の夢をかなえます

ちょっと自信がないなとお考えの方も、とにかく原稿をお送りください。きちんと読んで専門的な立場からアドバイス。拝見した上で、自費出版から企画出版により全国の書店に積極営業。出版が決定しますと完成度の高い本になって後々まであなたの記録として残ることでしょう。文化の歴史は出版の歴史でもあります。
電話　03(5425)6300　コスモ・テン